100,000 HOMMES EN ALGÉRIE

PROJET

DE

COLONISATION MILITAIRE

SOLUTION ÉCONOMIQUE ET PRATIQUE

DE LA

QUESTION ALGÉRIENNE

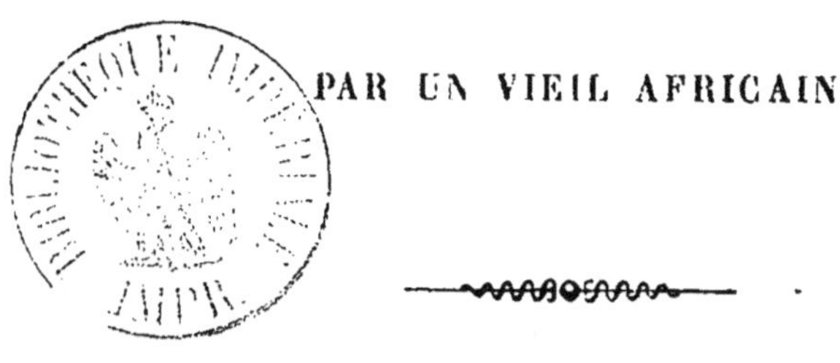

PAR UN VIEIL AFRICAIN

PARIS

IMPRIMERIE W. REMQUET ET Cⁱᵉ,

rue Garancière, 5

1860

100,000 HOMMES EN ALGÉRIE

PROJET

DE

COLONISATION MILITAIRE

I

Il a paru dans les premiers jours d'avril une brochure ayant pour titre :

« Civilisation de l'Algérie, »

Publiée sous le nom de M. de Girardin ; elle renferme trois lettres de l'éminent publiciste et deux lettres de M. Clément Duvernois, ancien rédacteur de *l'Algérie nouvelle.*

C'est une controverse éloquente dans laquelle ces deux messieurs sont d'accord sur un point :

« Placer à la tête de la colonie un lieutenant de l'empereur,
« le prince Napoléon, ayant sous ses ordres deux ministres,
« l'un des revenus, l'autre des services. »

Pour le reste, il n'y a plus dans leur manière de voir la même concordance.

Le premier repousse la colonisation dont l'épreuve a été faite et n'a pas réussi, et propose la civilisation des indigènes ;

Le second veut la libre colonisation d'où sortira infailliblement la civilisation.

Le nom de M. de Girardin étant celui qui a le plus d'autorité, son opinion est naturellement celle qui a le plus de poids. C'est donc celle que j'examinerai la première.

M. Duvernois voudra bien me pardonner cet hommage rendu à une incontestable supériorité devant laquelle il s'incline lui-même, peut-être avec trop de modestie.

« *Nous sommes de ceux*, dit le grand économiste, rappelant ce qu'il écrivait en 1844, *qui n'ont dans les idées de colonisation qu'une confiance infiniment restreinte et qui pensent qu'avec le peu de suite dans les desseins qui est le caractère et le défaut de la France, elle doit moins s'attacher à conquérir des territoires pour les coloniser, qu'à découvrir des consommateurs pour les approvisionner.*

Avant de songer à porter au loin le progrès agricole, commençons par nous occuper un peu plus de notre sol et par lui faire produire ce qu'il peut donner. La colonisation est la ressource que les États doivent tenir en réserve pour l'époque où ils auront un excès de population ; et la France n'en est pas là. »

Ces prémisses posées, il renonce à provoquer l'immigration étrangère.

Des 2,500,000 arabes qui peuplent l'Algérie, il fait une nation libre, autonome, sous la suzeraineté de la France, vis-à-vis de laquelle l'Algérie serait désormais ce que l'Égypte est à la Turquie.

Le rapprochement n'est peut-être pas des plus heureux.

Les luttes fréquentes dont nous avons été les témoins entre la Turquie et l'Égypte, entre le suzerain et le feudataire, luttes qui plusieurs fois déjà ont failli compromettre le repos de l'Europe, ne sont guères faites pour donner confiance et courage aux intéressés.

Il est vrai qu'il était difficile de trouver un exemple qui fût dans des conditions plus favorables. Tout peuple qui a un fantôme de nationalité supporte difficilement le joug d'un autre peuple. Voyez la Hongrie, la Moldavie, la Valachie, la Pologne, la Vénétie, etc., etc.

Quoi qu'il en soit, il y a seize ans que M. de Girardin désespère de la colonisation de l'Algérie.

En 1844, sa voix avait, comme aujourd'hui, un immense retentissement ; et alors qu'on était décidé à appeler en Algérie l'émigration européenne ; alors qu'on mettait à l'essai tous les moyens pratiques pour atteindre ce but, son opinion, repro-

duite par cent journaux divers, devait naturellement, infailliblement, décourager les plus résolus et faire avorter le bon
vouloir et les efforts de nos gouvernants.

De sorte qu'il serait peut-être d'une stricte équité d'imputer
à la presse opposante, et particulièrement à M. de Girardin, le
plus logique et le plus puissant des publicistes, une bonne part
de l'impuissance qu'on reproche aujourd'hui, avec un semblant
de raison, au gouvernement.

Ce qu'il y a de plus fâcheux dans ce fait, c'est que son opinion
était, je le crois, plus spécieuse que fondée.

La France n'a pas plus de population qu'il ne lui en faut et
il y reste encore des terres à mettre en culture.— D'accord.

Mais il y a en France nombre d'hommes forts, résolus,
laborieux, qni ne possèdent pas un mètre de terrain, qui sont
condamnés, par conséquent, à travailler leur vie durant pour
procurer aux autres un bien-être et des jouissances qu'eux-
mêmes ne connaîtront jamais. Il arrive même que ces hommes
ne trouvent pas toujours à occuper leurs bras.

La charité chrétienne, l'équité, la raison, voudraient qu'on
leur distribuât les terres qui restent à mettre en culture.

Mais les lois constitutives de notre société s'y opposent. Ces
terres sont la propriété de quelqu'un.

Cela étant, croyez-vous que si la presse, au lieu d'émettre
vingt opinions différentes sur le parti à prendre à l'égard de
notre conquête, au lieu de jeter dans tous les esprits le
doute et l'irrésolution, croyez-vous, dis-je, que si la presse eût
été unanime :

Pour conseiller à l'Etat de donner à ces hommes énergiques,
à l'exclusion de tous autres, les terres libres de l'Algérie ;

Et pour encourager lesdits hommes à les accepter et à émigrer ;

Croyez-vous qu'on n'aurait pas obtenu des résultats bien
différents ?

L'Algérie se fût peuplée d'abord ; car ces hommes, sûrs de
pouvoir gagner le pain d'une famille, se seraient mariés et
auraient eu des enfants, qu'ils n'ont pas en France, où la misère
les oblige à mourir dans le célibat. En fixant à trois la moyenne
des enfants élevés par chaque ménage, cinquante mille

hommes et cinquante mille femmes enlevés annuellement à la mère-patrie, auraient, dans un temps donné, augmenté de 400,000 âmes la population coloniale; les capitaux auraient suivi les bras, et nous n'en serions pas, après trente années d'essais infructueux, à faire un appel désespéré aux capitalistes de la métropole qui restent sourds, malgré le prestige des institutions civiles dont on a doté la colonie en 1858.

On aurait tort de prendre ce qui précède pour une récrimination oiseuse. En rappelant le passé, je n'ai qu'un but, c'est d'y puiser une leçon qui puisse profiter dans une circonstance analogue.

Et cette circonstance analogue, nous y sommes arrivés, puisque depuis deux ans l'on cherche une solution et que chacun propose la sienne sans qu'on parvienne à s'entendre.

On nous dit aujourd'hui : Comment voulez-vous que les bras et les capitaux se risquent dans un pays qui ne jouit d'*aucune liberté?* pas même *de la liberté de la presse?*

En 1846, M. de Girardin écrivait : « *En Algérie, cette terre* « *féconde de l'arbitraire et des abus, la presse serait, pour* « *l'administration, un vigilant auxiliaire, un frein puissant* « *qui l'aiderait à réprimer, à prévenir des écarts sans nombre.*» Assurément.

La presse a signalé et fait réprimer bien des abus. De nombreuses améliorations sont dues à son initiative, et malheur à qui nierait les services qu'elle a rendus et ceux qu'elle est appelée à rendre !

Mais est-elle bien sûre de n'avoir jamais outre-passé son but? n'est-il pas telle circonstance où son intervention a plutôt nui que servi et où elle eût fait sagement de s'abstenir?

Suivant moi, c'est précisément la discussion publique, c'est-à-dire la presse, qui a fait avorter les belles espérances que donnait notre conquête; et, si aujourd'hui la presse y devenait libre, je ne répondrais pas qu'avant trois ans tout le pays ne fût perdu pour nous.

Ceci demande quelques développements, les voici :

La liberté de penser, de parler et d'agir me paraît un droit absolu, imprescriptible. L'abus se corrige par l'abus, chaque individu possédant les trois facultés. Celui qui dit ou fait une chose qui n'est ni à dire ni à faire , trouve toujours une bouche ou un bras pour lui répondre ; mais peut-il en être de même de la liberté d'écrire, c'est-à-dire de répandre à profusion, par la voie des journaux, les opinions les plus hardies, exposées avec un immense talent , sans se préoccuper des aptitudes, des facultés, des dispositions de ceux entre les mains de qui tomberont ces journaux ? La lutte, ici, n'est plus égale.

Et voici pourquoi :

De ceux qui n'acceptent pas ces opinions hardies, le plus grand nombre n'est pas de taille à répondre ; d'autres ne veulent pas ou n'osent pas ; enfin, ceux qui pourraient et voudraient ont rarement à leur disposition un des organes de la publicité.

D'ailleurs, pour peu que lesdites opinions soient hostiles à un pouvoir quelconque, neuf journaux sur dix les propageront, — l'opposition est un besoin si naturel, — et le journal qui les combattra ne trouvera que peu de lecteurs , même parmi les amis, même parmi les agents de l'autorité.

> « Notre ennemi, c'est notre maître,
> « Je vous le dis en bon français. »

Vous reconnaissez que le caractère et le défaut de la France est d'avoir peu de suite dans ses desseins ; ce qui revient à dire que le caractère individuel du Français est d'avoir peu de suite dans les idées.

Intelligent sans doute, mais léger, superficiel, impressionnable au superlatif, ces défauts qui font que le Français n'est pas apte à coloniser parce que la colonisation est une œuvre de longue haleine qui demande du sang-froid, de la réflexion et de la persévérance ; ces défauts, dis-je, le rendent plus qu'aucun autre apte à recevoir, bonnes ou mauvaises, les impressions éphémères de la presse périodique.

En effet, par suite de ce besoin incessant de changement, qui est le côté saillant du caractère national, toute idée nouvelle est accueillie chez nous avec un enthousiasme irréfléchi ; et, s'il était en notre pouvoir de la mettre immédiatement en pratique, nous le ferions assurément, sauf à détruire le lendemain l'ouvrage de la veille.

Nous avons malheureusement fait nos preuves.

Aussi sommes-nous le peuple le plus révolutionnaire de la terre, en ce sens que les révolutions, qui chez les autres peuples sont l'ouvrage d'un siècle, sont chez nous l'affaire d'une semaine. Il est vrai de dire qu'une révolution n'est pas terminée encore que déjà nous sommes prêts à la recommencer en sens inverse.

Cette spécialité fait de nous des êtres inquiétants, incommodes pour les autres gouvernements de l'Europe ; et il ne faut pas s'étonner qu'à chaque commotion nous les trouvions prêts à se coaliser pour en finir une bonne foi avec un voisin très-désagréable.

Donc, chez une nation qui a nos instincts, la liberté de la presse ne saurait être sans quelques dangers, à moins d'une grande circonspection de la part de ceux qui écrivent.

Or, si ces dangers existent dans la mère patrie, où toutes les institutions ont pour elle la consécration du temps et de l'expérience, ce qui ne veut pas dire qu'elles soient toutes excellentes, combien ne seront-ils pas plus nombreux et plus graves dans une colonie naissante où la population européenne est en majeure partie française, et où tout est encore dans la période de l'enfantement !

Convenons donc que la liberté de la presse n'est point une nécessité et ne peut pas être un bienfait pour l'Algérie ; et qu'elle y serait bien plutôt une cause de désordres.

Il m'est tombé sous la main, il y a une quinzaine d'années, un livre fort sensé, attribué à Fenimore Cooper, un républicain parbleu, et qui a pour titre *le Robinson américain*. C'est l'histoire d'une colonie qui se développe et prospère tant qu'elle reste réduite à ses propres éléments, c'est-à-dire aux quelques individus des deux sexes qu'un naufrage a jetés sur une île inhabitée, où, suivant la loi naturelle, ils ont crû et multiplié.

Mais il arrive un jour où les colons, ayant des produits en surabondance et voulant les écouler, entrent en relation avec le pays civilisé qui les a vus naître.

Malheur à eux !

Le premier navire de retour leur amène un avocat et un journaliste. Avec l'avocat naissent les différends et les procès. Quant au journaliste, il trouve mal tout ce qui s'est fait avant son arrivée. Lui seul a l'intelligence des besoins du pays ; lui seul peut diriger dans la voie du progrès des infortunés qui, jusqu'à ce jour, ont fermé lex yeux à la lumière et se sont contentés de vivre dans la paix et dans l'abondance. Quelques jobards le croient sur parole. Il y en a partout. La discorde se met dans l'île ; les braillards sont les plus forts. On flanque à la porte le fondateur de la colonie.

Résultat final : tout est en désarroi ; le pays en progrès ne produit plus que des affaires litigieuses et de la polémique ; le commerce est anéanti. Alors l'avocat et le journaliste, qui n'aiment point à vivre de privations, prennent le parti de s'embarquer, laissant la misère et la désolation là où ils avaient trouvé la joie et la prospérité.

Je n'ai pas imaginé cet apologue. C'est l'œuvre d'un grand poëte, d'un homme de bon sens et qui plus est, d'un Américain.

Je suis fort ignare en toutes choses, surtout en économie politique et en science sociale ; mais mon instinct, qui parfois m'a bien servi, me dit que ce qu'il est convenu d'appeler *civilisation, progrès des sociétés,* n'a pas été inventé au profit de tous. Le progrès, sans doute, fait des heureux, mais il a ses élus et ne profite pas à la majorité.

Dans l'enfance des sociétés, les hommes forts ont fait la loi aux hommes faibles.

Las de l'oppression, les faibles ont eu recours à la ruse qui leur a réussi.

Ce que voyant, les plus malins d'entre tous ont imaginé et fait accepter certaines conventions à l'aide desquelles ils ont exploité, exploitent et exploiteront les forts aussi bien que les faibles, jusqu'à ce qu'un grand cataclysme, comme le déluge universel, ramène les sociétés à l'état primitif.

C'est là, si je ne me trompe, ce qu'on appelle la *civilisation.*

Or, quand les conventions commencent à s'user, c'est-à-dire quand la manière de s'en servir est devenue à la portée d'un trop grand nombre, les malins — qui veulent conserver leur supériorité — s'efforcent d'en faire accepter d'autres.

Ne serait-ce pas là ce qu'on appelle le *progrès ?*

Les apôtres du progrès, et il y en a qui sont de bonne foi,

éreintent le présent au profit de l'avenir qu'ils nous font entre-
voir magnifique, à la condition, bien entendu, qu'on prendra
leur recette.

Leurs théories sont en vérité bien séduisantes; mais voyons
le résultat, et qu'y gagnons-nous?

Intellectuellement — une agitation fébrile, qui tient en éveil
l'esprit et les passions, et qui n'est pas sans charmes, assurément.

Moralement — je n'oserais dire s'il y a gain ou perte.

Matériellement — c'est ici qu'est le côté faible.

Les hommes à esprit prompt, à idées généreuses, et les
hommes aventureux se laissent entraîner;

Mais les autres, les gens timides, les bonnes gens qui ont
arrangé leur vie, qui n'aiment point à changer leurs habitudes,
ceux-ci demandent au moins à réfléchir; et dans le doute, ils
se croisent les bras et attendent.

Cependant le trouble ou l'irrésolution sont partout : les
bourses se resserrent, les transactions diminuent, le travail
chôme, le malaise est général.

Le pauvre diable qui vit au jour le jour voit la misère à sa
porte. Il s'en prend aux gouvernants qui n'en peuvent mais,
et ne lui donnent pas satisfaction. Il s'irrite, s'exaspère, et
comme il n'a plus rien à perdre et que d'un autre côté une
commotion quelle qu'elle soit ne peut qu'améliorer son sort, il
prend un fusil et descend dans la rue.

Et voilà une révolution.

Or, qui dit révolution dit un pas en arrière : *Revolvere, volvere
retrò*, retourner sur ses pas.

Et voilà pourquoi je me défie du progrès hors de saison, du
progrès à tous propos, *du progrès à outrance*. Il frappe de tor-
peur quand il n'engendre pas le vertige. Il arrête quand il ne
fait pas reculer.

Dans la nature, la loi éternelle, immuable, la loi qui régit
toute chose est celle-ci :

Naître, vivre, mourir.

Les sociétés n'échappent point à cette loi.

La société, c'est l'homme, c'est l'individu qui traverse fata-
lement, invariablement les cinq époques de sa vie : l'enfance,

l'âge adulte, l'âge mûr, la vieillesse et la décrépitude. Il n'y a pas de temps d'arrêt.

Prenons donc garde au progrès. — Ne le poussons pas trop. — Nous sommes à l'âge mûr, si nous hâtons le pas, nous arriverons plus vite à la décrépitude.

Prenons garde surtout d'introduire dans une colonie naissante, dans une société qui se forme, notre civilisation de l'âge mûr. C'est le moyen de la tuer avant son temps. C'est donner à un enfant les jouissances de l'homme fait, et avec ces jouissances, ses vices et ses infirmités. C'est élever une plante en serre chaude à grand renfort d'arrosage et de fumier, — elle donne bientôt des fleurs, puis s'étiole et périt.

L'Arabe que M. de Girardin veut civiliser en est aujourd'hui au temps d'Abraham ou de Jacob. — Il est pasteur et nomade. — Or, combien de siècles se sont écoulés avant que les descendants des patriarches aient pu compter comme nation? — Combien de siècles depuis Abraham jusqu'à Moïse, depuis Moïse jusqu'à Salomon?

La société arabe a eu son temps comme la Grèce, comme la Pologne, comme l'Italie.

Puis, comme elles, elle est morte.

Comme elles aussi, sans doute, elle renaîtra, mais à son jour. Elle est à l'état d'embryon ; ne nous épuisons pas à lui donner une forme, une constitution, une vigueur qu'elle n'a pas : nous ne ferions qu'arrêter sa croissance.

Pour avoir voulu renaître trop tôt, voyez ce qu'il en a coûté à la Grèce ; et aujourd'hui qu'elle a repris vie, voyez comme elle traîne péniblement sa chétive existence !

M. de Girardin blâme le gouvernement d'avoir *sacrifié la nationalité arabe.*

Il y a dix mois environ le journal la *Presse*, dans un article remarquable d'ailleurs, soutenait que notre plus grande erreur était d'avoir *reconstitué ladite nationalité.*

M. Duvernois, lui, est d'avis que *la nationalité arabe est morte depuis longtemps, et n'est pas près de renaître ;* ce qui erait penser que nous ne l'avons *ni sacrifiée ni reconstituée.*

Auquel entendre? Lequel des trois a raison?

Ceci n'est pas un des moindres inconvénients de la polémique. Trois écrivains, trois opinions différentes.

J'arrive quatrième et j'en professe une autre.

Qui résumera ?

Qui conclura ?

Trois d'entre nous auront-ils la grandeur d'âme de s'incliner devant un seul et de lui dire :

« Maître, vous avez raison ? »

Ils le voudraient qu'ils ne le pourraient pas ; j'en juge par moi-même.

Je dirai, moi, aux deux derniers :

Vous avez raison sur tel, tel et tel point ; mais à mon avis vous avez tort sur tel et tel autre...

Je ne puis pas être des vôtres.

Je dirai à M. de Girardin :

Vous avez raison quand vous dites que nous n'avons pas les aptitudes d'un peuple colonisateur.

Vous avez raison quand vous considérez comme une complication le ministère spécial de l'Algérie.

Vous avez raison quand, proposant de mettre à la tête de l'Algérie française un lieutenant de l'empereur, vous lui tracez le programme qu'il aurait à suivre, et lui faites comprendre que son premier devoir serait d'étudier *sur place et de visu* les aptitudes et les besoins des populations qu'il aurait à gouverner. — Ce que n'a pas fait le premier ministre de l'Algérie.

Mais je ne suis plus de votre avis quand vous dites :

La colonisation a pour conséquence l'extermination, l'expulsion, l'oppression ou l'assimilation des peuples auxquels elle tend à se substituer.

L'assimilation du musulman au chrétien, c'est l'abjuration.

Je ne suis plus de votre avis quand vous proposez d'arriver à la colonisation par la civilisation de l'indigène.

Partant je ne puis pas me ranger sous votre drapeau.

Et je conserverai ma conviction que je tâcherai de faire prévaloir ailleurs.

Les trois autres feront comme moi.

Voilà donc déjà quatre partis bien tranchés là où il faudrait que nous fussions tous d'accord.

Mais voyons quelles chances de succès peut avoir la nouvelle théorie, la *civilisation des indigènes.*

Pense-t-on que la civilisation, comme on la comprend en Europe et même aux États-Unis, la nation libre par excellence, c'est-à-dire un esclavage général, à chaînes de différents métaux — plus de chaînes de fer et de cuivre que de chaînes d'argent ou d'or — puisse avoir des attraits pour l'Arabe, homme de la nature qui a fort peu de besoins, qui, dans l'état des choses, peut satisfaire tous ceux qu'il a, et qui a trop de bon sens pour s'en créer de factices qui l'exposent incessamment au supplice de Tantale ?

Je ne le pense pas. Je dis même que, sans être hostile, l'Arabe se montrera rebelle à toutes les institutions qui auront pour but de le faire autre qu'il n'est présentement ; il nous opposera la force d'inertie, la plus difficile à vaincre ; et le résultat le plus probable, c'est que dans un siècle il sera tel qu'il est aujourd'hui ; à moins, que de guerre lasse, nous n'ayons renoncé à le dominer, ou que de vive force il n'ait secoué notre joug et mis ses maîtres à la porte.

Dans les mœurs et dans les coutumes de l'Arabe, dans sa vie morale et matérielle, il y a des traits saillants qui établissent entre eux et nous une barrière difficile à franchir. Nous pourrons vivre côte à côte en bonne intelligence, prêts à nous entr'aider ; ils pourront nous être dévoués, nous aimer ; mais à la condition de rester eux-mêmes. Et moins nous chercherons à les rendre semblables à nous, c'est-à-dire à les civiliser, plus nous gagnerons leur confiance et leur affection.

Il y a, entre l'Arabe et l'homme civilisé, la différence que je trouve entre le chat et le chien.

Le chien est humble et servile ; il lèche la main qui le frappe. Appelez-le avec autorité, il s'approche en rampant.

Appelez un chat, même en le flattant, à peine il daignera tourner la tête ; mais si vous ne lui avez jamais fait mal, si vous lui inspirez confiance, un beau jour, au moment où vous ne penserez pas à lui, il sautera sur vos genoux et vous fera des caresses ; mais gardez-vous de le contraindre, il jouerait de la griffe et fuirait aussitôt.

Ce qui n'empêche pas le chat d'être un estimable animal,

faisant en conscience ce que vous attendez de lui, c'est-à-dire purgeant votre maison des animaux rongeurs.

L'Arabe est religieux; il croit et tient à sa croyance. Il pratique tout ce que lui prescrit la loi du prophète. Mais sa hiérarchie sacrée est plus simple que la nôtre, et je ne sache pas qu'elle comprenne de dignité correspondant à celle de cardinal ni même d'archevêque. Il n'a ni chapitres, ni couvents, ni sociétés pour la propagation de la foi. Je ne crois pas même que chez lui l'on fasse commerce de sacrements et de dispenses; et s'il y a des schismes dans l'islamisme, jamais ces schismes n'ont armé les populations l'une contre l'autre, ni fait torturer, pendre, décapiter ou rôtir aucun des dissidents.

L'Arabe n'a dans ses temples ni statues, ni tableaux, ni images, mais de tout temps il a couvert de ses plus beaux tapis le pavé des mosquées.

(Il y a trente ans à peine qu'en France on s'est avisé de mettre des paillassons sur les dalles froides et humides de nos églises.)

L'Arabe est sobre et vit de rien. — Très-peu d'Arabes connaissent le vin et les boissons spiritueuses ; et si le vice dégradant de l'ivrognerie s'est introduit chez quelques-uns, c'est depuis que nous sommes leurs maîtres.

Grâce à sa sobriété, l'Arabe est libre. — Il ne travaille que quand il veut ; mais si peu qu'il travaille, il trouve encore sur son modique salaire une part pour l'épargne.

L'Arabe ne connaît pas la mode ; il est vêtu comme l'étaient ses pères. Son costume pittoresque, élégant, commode, hygiénique, est le même en toutes saisons. Et il est si bien entendu qu'en été l'Arabe n'a pas chaud et qu'en hiver il ne sent pas le froid.

(Européens civilisés, en pouvons-nous dire autant de nos habits noirs étriqués, de nos pantalons en tuyau et des cylindres à bords retournés que nous portons en équilibre sur la tête ?)

L'Arabe, qu'on dit barbare et malpropre, lave, trois fois chaque jour, certaines extrémités que chez nous les gens soigncux ne lavent guère que deux et trois fois par semaine, et que d'autres ne lavent pas du tout. Il nourrit bien par-ci par-là quelques insectes parasites ; mais il ne connaît pas les cors aux pieds, ces produits de la mode, dont la mode ne passe pas. De ces deux incommodités, laquelle est la plus supportable ? Ceci est une affaire de goût.

Avant d'être en rapport avec nous, l'Arabe ne connaissait ni le papier timbré, ni les avoués, ni les avocats, ni les huissiers. — La justice chez lui, civile ou criminelle, était primitive, paternelle, prompte et économique. Chez lui l'on ne voyait pas un pauvre diable qui doit cent francs et ne peut pas les payer, condamné à en payer le double. — Ce qui équivaut à mettre deux cents kilos, pour le soulager, sur le dos d'un homme qui n'en peut pas porter cent. — Chez lui point de détention préventive, — point de ces prisons cellulaires où le coupable coûte à la société deux fois ce que coûterait l'entretien d'une famille honnête.

Chez l'Arabe, l'administration et la comptabilité sont des plus simples ; et si, comme vous le pensez, il est en proie à la cupidité et aux exactions des chefs, en définitive, après avoir été pressuré, grugé, spolié par le caïd, le cheik ou l'aga, il lui reste plus encore qu'il ne reste à la plupart de nos cultivateurs, lorsqu'ils ont acquitté l'impôt voté librement par la législature de son choix, et réparti avec équité par des fonctionnaires intègres.

A la vérité, les Arabes n'ont ni sociétés industrielles, anonymes ou en commandites, ni crédit mobilier ou autre, ni agents de change, ni coulissiers ; et ils ignorent, les malheureux, les bienfaits de l'agiotage, de la prime et du report !

Ils n'ont point de ces effroyables exploitations industrielles, où des milliers d'infortunés sont condamnés à vivre dans les profondeurs de la terre, privés pendant les deux tiers de leur vie de la lumière du soleil, que beaucoup ne revoient jamais.

Mais ils ont du bois et du charbon de bois pour tous leurs besoins. S'ils avaient de la houille, ils n'en sauraient que faire.

Ils n'ont point de ces engins infernaux qui exécutent, sans repos et sans fatigue, le travail de dix mille hommes ou de douze cents chevaux; mais qui, trop souvent, hélas! mutilent ou broyent sans pitié le maladroit ou l'imprudent.

Ils ont leurs bras, et là où les bras de l'homme sont insuffisants, ils ont des chevaux, des bœufs, des dromadaires et des ânes, et ils savent s'en contenter.

Ils n'ont point de carrosses, point de compagnies de petites voitures; mais il est rare que chaque homme n'ait point une monture; et le nombre de ceux qui sont réduits à faire les courses à pied est en définitive moindre que chez nous.

Depuis bien des siècles ils n'ont rien inventé, pas même la photographie, dont leur soleil éblouissant aurait dû leur révéler l'idée; aussi n'ont-ils point de photographes portraitistes.

Le cheik El-Fayoum avait cent fois raison quand il disait au général Bonaparte : « *On trouve tout dans le Coran, mais il faut savoir le lire.* » Mahomet, en défendant la reproduction des traits humains, avait prévu l'invasion du portrait photographié.

Ils n'ont ni comédie, ni opéra, ni cirque; mais leurs courses, pour la magnificence et le pittoresque du spectacle, pour la majesté des costumes, la vigueur et la pureté des chevaux, la richesse des harnachements, laissent bien loin en arrière nos courses de Chantilly, de la Marche et du bois de Boulogne.

Les courses de Constantine, alors que M. le général de Mac-Mahon commandait la province, m'ont paru, chose fort remarquable, une reproduction exacte de la fête donnée par Saladin dans le Richard en Palestine de Walter Scott.

Ils n'ont ni médecins, ni pharmaciens, ni académie de médecine, ni société d'hygiène, ni gazettes médicale ou chirurgicale, etc., etc.; et franchement leur moyenne de mortalité ne dépasse pas la nôtre.

Leurs maisons, quand ils en ont, sont appropriées à leurs besoins et aux exigences de leur climat, avantage qu'ont rarement les nôtres.

Ils ont plusieurs femmes, sans doute; mais si la statistique (encore un avantage dont ils sont privés!) veut bien supputer le nombre des habitants du globe qui pratiquent la polygamie, nous verrons qu'ils sont plus nombreux qu'on ne pense. Non pas que je prétende me prononcer en sa faveur ; je crois, avec M. Duvernois, que ce doit être *un enfer matrimonial.* Pourtant j'observe qu'elle n'est point contraire aux lois de la nature et que certaines espèces d'animaux sont polygames.

Or, il y a dans l'espèce humaine tant de sous-genres différents, qu'il ne serait pas étonnant que la polygamie fût, pour certains, une nécessité providentielle.

Les Mormons, qui se croient l'expression la plus parfaite de la civilisation, et dont la secte a pris naissance au milieu d'une société dont les progrès incessants nous frappent d'admiration, les Mormons, en fait de polygamie, vont plus loin que les Arabes.

La loi permet à l'Arabe autant de femmes qu'il peut en nourrir.

Le Mormon en prend autant qu'il en trouve, sauf à les laisser mourir de faim ou à s'en défaire par des procédés particuliers.

Au reste, si parmi les chrétiens il était permis de distinguer, à un signe quelconque, les époux qui ont des maîtresses et les épouses qui ont des amants, on reconnaîtrait, avec un peu de honte peut-être, que la polygamie et même la polyandrie existent de fait, bien qu'en droit elles soient interdites.

Et, circonstance aggravante, chez nous la polygamie ne peut exister de fait que par la perpétration d'un crime, l'adultère, crime à peine connu chez les Arabes.

Enfin, dans les douaïrs arabes vous ne verrez jamais d'écriteau portant ces mots cruels et peu logiques :

« La mendicité est interdite sur ce territoire. »

Cet avertissement y est complétement inutile attendu que la mendicité n'existe pas.

Un dernier fait qui a sa signification :

Les Arabes de la campagne ont des chiens en grand nombre. Ces chiens, à demi sauvages, restent en dehors de la tente qu'ils défendent énergiquement, et vivent je ne sais trop de quoi.

Avant notre arrivée en Afrique, il n'y avait pas d'exemple qu'un de ces animaux eût été atteint de la rage ; plusieurs indigènes m'ont certifié le fait.

Depuis notre conquête, les cas d'hydrophobie sont aussi nombreux qu'en France.

Après cet exposé, pensez-vous que notre civilisation *avancée* soit un bienfait pour les Arabes ?

Pensez-vous qu'elle puisse leur offrir assez de séductions pour qu'ils demeurent soumis fidèlement et de leur plein gré au gouvernement civil que vous prétendez leur faire accepter?

Surtout quand ce gouvernement sera personnifié par un prince *Roumi*, que l'Arabe n'a jamais vu ; et qui, si intelligent, si actif, si juste, si pur, si libéral qu'il soit, a son éducation à faire comme souverain d'un peuple dont les mœurs et la religion ne sont pas les siennes ; et, par conséquent, risque fort, dans le principe du moins, de n'être point infaillible.

Et vous voudriez qu'un pareil gouvernement se maintînt par son seul prestige et à l'aide d'un corps de spahis indigènes?

N'y comptez pas, monsieur.

L'Arabe ne nous demande rien. Nous sommes les plus forts, il se soumet ; notre domination est douce, il se résigne ; mais le jour *où cette domination cessera de se présenter à lui sous la forme d'une épée victorieuse,* appuyée d'une force militaire imposante, l'Arabe secouera le joug et reprendra la vie de son choix, la vie nomade et indépendante.

Je vais citer un fait qui vous fera connaître ce qu'il y a de noble énergie dans le cœur de ces barbares.

Lors de le création du village de Zurich dans le cercle de Cherchell, on dut, pour compléter le territoire dévolu à ce village, exproprier, moyennant indemnité, un vieil Arabe parent de l'Aga Gob'rini, personnage très-dévoué à la cause française. L'indemnité fut fixée à 10,000 francs, chiffre évidemment supérieur à la valeur vénale des terres.

Eh bien, lorsqu'on offrit cette somme au vieux parent de Gob'rini, il répondit avec dignité :

« Vous m'avez pris mes terres malgré moi ; vous en aviez le « droit, car vous êtes les maîtres ; mais je ne veux pas qu'il « soit dit que je vous les ai vendues. » Et quelques instances que l'on fît, il refusa les 10,000 francs.

Connaissez-vous beaucoup d'hommes civilisés capables d'un aussi fier désintéressement?

Depuis dix ans Paris compte les expropriés par milliers. Dans le nombre, il aurait pu s'en trouver un. Si le fait s'est présenté, j'ose espérer que, pour l'honneur de mes concitoyens, M. le préfet de la Seine voudra bien lui donner toute la publicité désirable.

Tels sont les hommes que vous nous proposez de civiliser, faisant *du principal le principal* et *de l'accessoire l'accessoire*, c'est-à-dire subordonnant le colon à l'indigène et non pas l'indigène au colon.

Ce système, je le crois fermement, ne réussirait pas auprès d'eux; et d'un autre côté est-il à l'abri de tout reproche?

Si les colons européens sont aux Arabes dans la proportion de un à douze, ce résultat, tout minime, tout regrettable qu'il est, a été payé par bien du dévouement, bien du sang, bien des sacrifices. Et le rayer de la liste des faits en faisant disparaître la nationalité française devant la nationalité arabe, ce serait traiter bien cavalièrement la mémoire des trois cent mille chrétiens, militaires ou colons, dont les ossements jonchent la terre algérienne; ce serait faire trop bon marché de notre croyance la plus respectable, la vénération pour les morts.

Pour toutes les raisons que j'ai déduites jusqu'ici, je m'associerais plus volontiers à l'opinion de M. Duvernois qui, lui du moins, ne désespère pas de la colonisation, et qui, au contraire, la considère comme la voie la plus sûre et la plus courte pour arriver à la civilisation des indigènes.

Et de ces deux formules :

La libre colonisation c'est la civilisation,
    ou
La civilisation c'est la libre colonisation;

j'adopterais plus volontiers la première.

Toutefois, la liberté absolue, dont M. Duvernois fait la base essentielle et la condition *sine quâ non* de son système, me paraît un moyen empirique sur lequel il se fait une génereuse illusion. M. de Girardin le lui démontre par une argumentation à laquelle je n'ajouterai qu'un mot :

Qu'est-ce que la liberté?

Le droit de faire tout ce qu'on croit devoir être profitable à soi-même, en s'abstenant de tout ce qui peut être préjudiciable à autrui.

Or, tous les hommes sont-ils assez intelligents, assez équitables, pour discerner d'abord, puis pour respecter la limite naturelle entre le bien de l'un et le mal de l'autre?

Je ne le crois pas.

Tel homme est plus exigeant, tel autre l'est moins; tel homme est peu tolérant, tel autre l'est davantage. Si vous ne voulez pas qu'on en appelle à la force brutale, il faut des conventions; et encore! si les conventions suffisaient pour établir la concorde, est-ce qu'il y aurait des arbitres, des juges, des tribunaux?

Or, qui dit conventions dit règlement; qui dit règlement dit pouvoir et bureaucratie.

Que devient la liberté? — Là où il y a deux hommes réunis, la liberté n'existe plus.

Ne nous abusons donc pas avec tous ces mots sonores qui ne servent qu'à nous jeter dans des voies mauvaises et à nous préparer d'amers désenchantements.

En somme,

M. de Girardin combat par des arguments très-solides les propositions de M. Duvernois.

M. Duvernois, de son côté, oppose des objections d'une grande valeur aux propositions de M. de Girardin.

De sorte que de cette controverse brillante qui jette, néanmoins, sur le débat une lumière utile, la conclusion serait :

Que la civilisation des indigènes et que la libre colonisation sont, l'une aussi bien que l'autre, des expédients peu pratiques.

Cherchons donc autre chose, et, puisque nous ne pouvons pas avoir la liberté que chacun aime pour soi, mais à qui bien peu sont disposés à faire le sacrifice de leur égoïsme, tâchons de trouver un système où cette liberté rencontre le moins d'entraves possibles, c'est-à-dire où les rouages administratifs soient réduits à leur plus simple expression.

Il serait fort curieux que nous arrivassions à reconnaître que celui qu'on a condamné unanimement, *le système militaire*, est précisément le meilleur entre tous ceux qu'on a proposés ou expérimentés; et que les gouvernements successifs qui l'ont établi ou maintenu n'étaient ni si aveugles ni si peu soucieux des intérêts des gouvernés, ainsi qu'on l'a dit et écrit avec plus de persistance que de justice.

Mais en France, et à Paris principalement, quand les choses vont mal, c'est toujours le pouvoir qu'on accuse, sans tenir compte des circonstances, sans examiner si, avec les éléments qu'il a entre les mains, il lui est possible de faire autrement.

En revanche, quand les choses vont relativement bien, on ne lui en sait aucun gré. Tout au contraire, on l'attaque encore sous prétexte qu'elles pourraient aller mieux.

Il coule toujours dans nos veines du vieux sang de frondeur.

La nation française, toute grouillante qu'elle est, à en juger au moins par le peuple de sa capitale qui a la prétention, fondée ou non, de représenter fidèlement l'esprit du pays, a pourtant fort peu d'initiative pour tout ce qui touche aux grands intérêts généraux. Trop habile à démolir, elle l'est beaucoup moins quand il s'agit d'édifier. Aussi a-t-elle plus qu'aucune autre besoin de ses gouvernants. Sous ce rapport, il y a entre les Français et les Anglais une grande différence toute à l'avantage des derniers. En France, si le gouvernement n'intervient pas, rien ne se fait : la nation est habituée à se reposer sur lui ; mais un fait très-remarquable, c'est que son exigence soit en raison inverse de sa capacité. Elle ne daigne rien faire par elle-même, et elle exige que ceux qui font pour elle fassent beaucoup, vite et bien. C'est une manière comme une autre de témoigner de sa souveraineté. Il faut convenir toutefois qu'un pareil maître est peu agréable à servir, et que ceux qui sont chargés de ses intérêts doivent éprouver parfois bien du découragement.

II

Avant d'aller plus loin, je dois examiner isolément quelques-unes des propositions contenues dans les lettres de MM. de Girardin et Duvernois.

Je suivrai la brochure page à page en ayant soin d'indiquer où se trouvent les passages que je cite, ce qui permettra au lecteur de juger avec connaissance de cause.

Première lettre de M. de Girardin.

Page 7, ligne 9 et suivantes :

Plus qu'aucune autre entreprise humaine, la colonisation a besoin de la maturité du temps, car elle a à lutter contre une grande difficulté, celle de trouver des hommes capables, moraux et patients.

Je prends acte, car cet argument est un de ceux dont je m'appuierai quand je formulerai mon programme de la colonisation par l'armée.

Page 15, ligne 17 et suivantes :

Quels moyens connaissez-vous de nous assimiler les musulmans que nous avons faits sujets de la France malgré eux?

S'ils sont sujets de la France *malgré eux,* comment voulez-vous qu'ils acceptent, *de bon gré,* la suzeraineté de la France et la vice-royauté d'un *prince français et chrétien, qui n'aurait pas le secours de l'armée?*

Page 16, ligne 1 et suivantes :

Quels moyens pour empêcher les Arabes de se soulever? Vous condamnerez-vous à entretenir en Algérie une armée considérable, etc., etc. ?

Les Arabes étant sujets de la France *malgré eux* et n'acceptant que *malgré eux* (en dépit des charmes de la *civilisation* qu'on leur offre) la suzeraineté de la France et un sultan Roumi, il est évident que *l'armée sera nécessaire avec le système proposé* tout autant et peut-être plus encore qu'au temps de M. le maréchal Randon.

Cela étant, je vous dirai : Puisque l'armée doit exister, sinon pour combattre, du moins pour imposer au vaincu par le seul effet de sa présence, à défaut de ses fusils qui deviennent inutiles, ayons le bon esprit d'utiliser ses bras.

L'emploi des bras inactifs de l'armée n'enlève rien à la force productive de la France et ne diminue point la somme du travail produit en France.

L'armée employée à la culture des terres subvient à ses besoins par son travail.

Ainsi, par l'emploi de l'armée, voilà deux œuvres capitales accomplies du même coup :

Solution du problème de la colonisation ;

Soulagement des charges qui pèsent sur la mère-patrie.

Première lettre de M. Duvernois.

Pages 24 et 25 :

L'expérience des vingt-neuf années qui viennent de s'écouler ne prouve rien ni pour ni contre la colonisation ; rien de sérieux n'a été tenté....

A quelle époque :

Le commerce a-t-il eu la liberté ?

L'industrie a-t-elle cessé d'être entravée par des formalités minutieuses ?

L'émigration a-t-elle trouvé des garanties suffisantes pour les personnes et pour les propriétés ?

Est-ce au moment où l'on mobilisait la milice d'Alger ?

Est-ce au moment où le gouverneur général expulsait dans les vingt-quatre heures l'homme qui lui avait déplu ?

Et si en Algérie l'émigration n'a jamais trouvé ni terres, ni routes, NI EAU, ni liberté, etc., etc. ?

Je suis fâché de voir ces reproches exagérés tomber de la plume de M. Duvernois qui, comme moi, soutient la cause de la colonisation.

J'y répondrai par des faits dans la troisième partie de cette brochure.

Il est un de ces reproches, toutefois, que je dois relever immédiatement.

Comment, dans une colonie qui veut la liberté à tout prix, et qui considère *l'armée comme un instrument de despotisme,* peut-on reprocher à un gouverneur d'avoir mobilisé la milice, lorsque l'ennemi était aux portes d'Alger ?

Les pionniers yankees, monsieur, n'attendent pas qu'on les mobilise lorsqu'ils prévoyent une attaque des peaux rouges. Ils prennent les armes spontanément.

Si nous ne connaissions pas les habitants d'Alger, vous nous donneriez une fâcheuse idée de leur énergie.

Qui donc aurait repoussé les Arabes ?

L'armée ?

Elle est inutile, dites-vous.

D'ailleurs, l'armée était alors réduite à un chiffre insuffisant.

Le ministre de la guerre avait dû céder *aux exigences de l'opposition parlementaire ;* et le gouverneur n'avait pu que se soumettre aux ordres du ministre.

Au reste, la milice n'a été mobilisée que sur le papier ; et c'est encore l'armée, malgré sa faiblesse numérique, qui a sauvé la colonie. Elle a fait appel à ceux qu'elle avait dû bannir de ses rangs comme indignes, c'est-à-dire aux ateliers de boulet et aux disciplinaires ; et tous, soldats, disciplinaires et condamnés, se sont fait tuer avec enthousiasme pour protéger des concitoyens qui font fi d'eux quand le danger est loin.

Quant à l'*eau* que l'émigration n'a pas trouvée, bien que l'armée en consomme beaucoup, faute de mieux, je ne sache pas qu'elle l'ait toute absorbée ; et si l'émigration n'en a pas trouvé, c'est qu'il n'y en a pas ou qu'elle n'a pas bien cherché.

Voilà pourtant sur quels griefs on se fonde pour discréditer et pour démolir un système !

Page 27, 2e alinéa :

Serait-il rationnel de laisser à chacun la liberté d'action qui lui est nécessaire, au lieu d'intervenir dans toutes les choses de l'industrie, de l'agriculture, du commerce ?

Le gouvernement intervient, parce qu'en France on est habitué à ce qu'il intervienne, et que s'il n'intervenait pas on l'accuserait de manquer à son devoir.

Avons-nous quelque initiative?

Non.

D'ailleurs, il intervient pour aider et non pas pour entraver.

. Un exemple.

Lorsque l'Algérie ne produit encore le coton que comme échantillon, le commerce de la métropole enverra-t-il acheter ces échantillons dont il ne soupçonne pas même .l'existence?

Assurément non.

Eh bien, le gouvernement dit au colon :

Quand vous cultiverez du coton, prévenez-moi; déclarez combien vous en faites d'ares ou d'hectares; je vous achèterai votre récolte à un bon prix et vous la payerai comptant.

Ainsi pour le tabac; ainsi pour tous les produits qui ne sont encore qu'à l'état d'essai.

Sont-ce là des entraves?

Le gouvernement a créé des pépinières; il a distribué gratis d'abord, puis moyennant une rétribution minime, des arbres, des plants, des boutures et des semences.

C'est là de l'intervention;—doit-on lui en faire un crime?

Page 27, ligne 33 et suivantes :

Pas plus que vous je ne demande à l'État de coloniser, je lui demande de laisser coloniser et de nous donner les instruments qui sont nécessaires pour coloniser, etc., etc.

Quels sont ces instruments?

Des bras, sans doute?

Si c'est l'État qui doit fournir les bras, que fait la liberté? Elle est donc impuissante pour attirer les bras?

Page 28, ligne 4 et suivantes :

J'ai demandé et je demande pour l'Algérie la création d'un réseau de chemins de fer qui coûterait trois cents millions.

Je réponds avec M. de Girardin :

A quoi servira votre réseau de trois cents millions si vous n'avez rien à transporter dessus, pas même des voyageurs?

Est-ce qu'il y a des chemins de fer dans l'Utah et dans l'ouest de l'Union? Et cela empêche-t-il les pionniers yankees et les Mormons d'avancer et de coloniser? Il est vrai que les grands fleuves sont des voies naturelles de communication. Mais en Algérie, où les distances sont vingt fois moindres, nous avons le *navire du désert,* le dromadaire qui a suffi jusqu'à ce jour et suffira longtemps encore pour amener, des points les plus éloignés du territoire, les grains, la laine, les huiles et tous les autres produits de l'agriculture coloniale.

Vous remettrez aux compagnies une partie des terres disponibles.

Mais où les prendrez-vous ces terres ? Et il en faut beaucoup pour représenter trois cents millions ?

Et, en supposant que vous les trouviez, qu'en feront les compagnies ?

Pour que ces terres aient une valeur, il faut qu'elles soient cultivées.

Comment s'y prendront les compagnies ?

Ou bien elles les mettront en culture elles-mêmes ; mais pour cultiver il faut des bras ; où les trouveront-elles ?

Toujours le même problème à résoudre.

Ou bien elles les vendront.

Mais qui les achètera ?

L'Etat donne gratis et il ne trouve pas de preneurs ;

Et vous voudriez qu'on allât acheter de seconde main, et par conséquent fort cher, ce dont on ne s'est pas soucié quand on pouvait l'avoir pour rien ?

Toujours le même cercle vicieux !

Page 30, ligne 26 et suivantes :

Croyez-vous que ce sera en maintenant chez eux les institutions qui les ont perdus, en leur distribuant, comme devant, des coups de trique en temps de paix et des coups de fusil en temps de guerre, etc., qu'on rendra les Arabes meilleurs ?

Les coups de fusil en temps de guerre sont une triste nécessité ; — mais les révolutions, faites au nom de la liberté, n'ont pas encore trouvé mieux, à moins qu'on ne préfère la guillotine, les mitraillades et les noyades de 93.

Quant aux coups de trique en temps de paix, c'est un procédé qui nous répugne à tous et qui répugne surtout aux hommes qui ont l'habitude du commandement. J'affirme donc que MM. les maréchaux Bugeaud, Randon et de Mac-Mahon n'y ont jamais eu recours, et je serai cru sans difficulté.

Quant à rendre les Arabes meilleurs, franchement est-ce à nous de l'entreprendre? J'en demande pardon à tous ceux qui, comme moi, font partie de la *société civilisée;* mais je ne suis pas loin de croire que les Arabes valent mieux que nous. Ils ont plus de bon sens, ils ont moins de besoins factices et ils n'ont pas le vice dégradant, abrutissant de l'ivrognerie!

Pages 32 et 33 :

M. Duvernois résume ainsi ses vœux :
Nomination d'un lieutenant de l'empereur;
Unité territoriale;
Unité de population;
Unité de juridiction criminelle;
Enfin, il demande à M. de Girardin de lui dire comment il arrivera à dénouer ce triple nœud :
Polygamie, indissolubilité du lien conjugal, divorce.
J'ai déjà dit ce que je pensais de la nomination d'un lieutenant de l'empereur.

Quant aux autres vœux, je déclare mon incompétence ; seulement, toutes ces solutions me paraissant ne pas pouvoir s'improviser, je dirai et je répéterai :

« Ne mettez point la main de l'homme là où doit agir la main
« providentielle du temps. »

Deuxième lettre de M. de Girardin.

Page 37, ligne 19 et suivantes :

J'admets que vous réussissiez à faire émigrer de France en Algérie deux millions de cultivateurs;
L'Algérie comptera quatre millions de bras de plus; mais la France comptera quatre millions de bras en moins.

J'ai indiqué le moyen de donner des bras à l'Algérie sans en enlever à la France; c'est d'utiliser en Algérie les bras de l'armée qui, pendant sept ans, sont inutiles et improductifs en France.

Je prie le lecteur de vouloir bien ne pas perdre de vue cet

argument, qui est certes un des plus concluants que l'on puisse trouver pour la colonisation par l'armée.

Page 40, ligne 4 et suivantes :

La civilisation des indigènes attirera de France au moins 100,000 travailleurs.

Rien n'est moins certain.

M. de Girardin, qui cite plus loin M. le maréchal Bugeaud, a perdu de vue ce que le grand capitaine dit de la main-d'œuvre française :

« Elle est ruineuse ! »

Or, si elle est ruineuse pour les Français à ce point qu'ils préfèrent employer les Arabes, je ne vois pas pourquoi ces mêmes Arabes, qui travaillent à meilleur compte que nous, appelleraient à leur aide des travailleurs français.

Et puis, M. de Girardin, c'est facile à reconnaître, n'a pas vu de près l'ouvrier émigrant.

En général, *il y a des exceptions heureusement*, l'artisan qui vient en Afrique pour y exercer sa profession, le journalier qui vient pour cultiver la terre, travaillent juste ce qu'il faut pour se procurer de quoi monter une cantine. Et si les fatigues et les excès ne les tuent pas avant qu'ils aient complété leur pécule, ils achètent un tonneau de petit bleu, quelques bouteilles de cognac et d'absinthe, — et *ils vendent à boire.*

Puis le travailleur français ne vaut rien quand il est isolé. — Le Français, naturellement gai, causeur, expansif, n'a point cette *énergie passive* qui caractérise l'Arabe. Livré à lui-même, il se démoralise. — D'ailleurs, le principal mobile du Français, c'est l'amour-propre. Or, quelle satisfaction, quel stimulant peut avoir l'amour-propre lorsqu'on manque de témoins ? Donc le travailleur français a besoin d'être en société. Telle est surtout la raison qui me fait donner la préférence à l'armée pour tous les travaux pénibles, dangereux et de longue haleine. Ce qui fait la force et la puissance de l'armée, c'est *la discipline* sans doute, mais c'est plutôt encore *l'association.*

Dès que plusieurs Français travaillent ensemble et peuvent compter l'un sur l'autre, leur énergie augmente comme le carré du chiffre des travailleurs.

Page 50, ligne 3 et suivantes :

Si la France se fût bornée à gouverner les indigènes, à leur donner un sultan français, etc., etc.

Encore le sultan et l'autonomie de l'Algérie ?

Et pourquoi donc l'Algérie serait-elle une puissance vassale de la France et non pas la France elle-même ?

En sommes-nous encore au temps où l'on donnait des apanages aux princes de la maison régnante ?

Nous avons à grands frais créé des villes, des citadelles et des ports en Algérie.

L'Algérie étant à la France ce que l'Égypte, par exemple, est à la Turquie, est-ce que le port d'Alger sera pour les flottes françaises ce que sont les ports de Brest et de Toulon ?

Assurément non.

Est-ce que le citoyen français à qui il plaira d'aller résider en Algérie, sera toujours citoyen français ?

Non encore.

Pourquoi donc perdre ainsi de gaieté de cœur les bénéfices de nos efforts, de nos sacrifices et du sang versé ?

L'Algérie avec un lieutenant de l'empereur qui lui donnera des lois et des institutions spéciales, l'Algérie autonome ne sera plus la France !

Propriétaire d'un bien de campagne, si j'en cède l'usufruit à un tiers, ce bien continue à m'appartenir ; mais je n'y suis plus chez moi ; je n'y puis pas aller quand bon me semble ; je n'y puis pas faire ce qui me plaît.

L'Angleterre, qui calcule mieux que nous, n'a pas de vice-roi dans l'Inde. Elle y a un gouverneur général appuyé d'une armée formidable.

Quand le roi Louis-Philippe a envoyé son quatrième fils, le duc d'Aumale, en Algérie, — il s'est bien gardé d'en faire un vice-roi. — Il en a fait un gouverneur militaire.

D'ailleurs, je l'ai dit déjà, est-ce que les Arabes resteront soumis à un *prince chrétien ?* L'empereur du Maroc considéré, vénéré comme un des chefs de l'Islam, n'est pas maître chez lui. Ses sujets lui font la loi. — Et vous voudriez qu'un prince chrétien eût plus d'empire sur les Arabes de l'Algérie, bien autrement difficiles à réduire, parce que tout aussi braves, tout aussi belliqueux, ils sont disséminés sur un territoire plus vaste où ils se soustrairaient facilement à notre autorité, si nous n'avions une armée nombreuse et infatigable, moyen d'action dont le sultan sera privé?

Page 53, note en bas de la page :

Tous les impôts qui existent en France ont été transportés en Algérie, sans même excepter la taxe des chiens.

Si je ne craignais pas de sortir de la question sérieuse, je dirais que si la taxe des chiens n'existait pas en France, elle aurait dû être créée spécialement pour l'Algérie où il y a *plus de chiens que de colons.*

Quant aux autres taxes, si elles y ont été imposées, ce n'est pas la faute du système militaire, qui, le premier, a gémi d'une mesure inopportune ; mais bien la faute du système civil qui suivait pas à pas l'armée pour organiser le pays conquis, comme la bergeronnette suit le laboureur et complète son travail en mangeant les insectes que le soc met à découvert.

Je dois dire toutefois que l'impôt foncier n'existait pas en Algérie avant 1858.

Deuxième lettre de M. Duvernois.

Page 57, ligne 18 et suivantes :

Un jeune prince, un Bonaparte, parcourant l'Algérie avec une suite nombreuse, produirait sur l'esprit des Arabes une impression profonde. . . . .
Ils apprendraient bientôt à aimer celui qu'ils auraient vénéré, lorsqu'ils verraient que pouvoir n'est pas synonyme d'oppression et qu'on peut être magnifique comme un pacha, sans être pillard comme un Turc....

Je crois, moi, que le prince chrétien, *sans le secours de l'armée,* ne tiendrait pas longtemps.

Puis, avec quoi le *jeune prince* se montrera-t-il aussi magnifique qu'un pacha? Aura-t-il personnellement trente ou quarante millions de revenus ? Non.

Ce sera donc avec les écus du budget ?

Ajoutez à la magnificence orientale du *jeune prince* l'entretien d'une armée pour contenir les Arabes, plus trois cents millions de chemins de fer, et vous verrez que le système qu'on nous propose n'a pas le mérite d'être économique.

Page 64, ligne 8 et suivantes :

M. Duvernois, cherchant dans la constitution de la société arabe les institutions qui peuvent les éloigner de nous, et rendre possible leur résistance aux bienfaits de notre civilisation, cite entre autres :

La polygamie qui avilit la femme et par suite démoralise la société.

L'Arabe n'est point polygame par sensualité, mais bien parce que, obligé de tout confectionner chez lui, ses femmes sont ses servantes, chargées de moudre son grain, de faire son pain, de tisser son burnous et son haïk, de préparer ses diffas, de fabriquer sa tente, etc., etc.

C'est à la colonisation industrielle de dénouer le nœud de la polygamie.

L'introduction des minoteries, des boulangeries, des tailleurs, des ouvriers du bâtiment, doit faire à la main d'œuvre de la femme une concurrence qu'elle ne pourra pas soutenir, etc., etc.

La destruction de la polygamie doit être l'œuvre du temps. N'allons donc pas, pour une question de morale hypocrite, rallumer le fanatisme et la guerre sainte.

L'Arabe n'est pas polygame par sensualité ?

Parbleu non. Il ne s'agit point ici de *sensualité délicate;* l'Arabe est polygame parce qu'il a des *appétits brutaux* fort exigeants; et la preuve c'est que, pour satisfaire ses appétits, le sexe lui est à peu près indifférent.

Aussi je crains bien que les minoteries, les magasins de confection et les entrepreneurs de maçonnerie n'aient qu'une très-minime influence dans la solution du problème posé.

Je dirai plus :

Si leur introduction au milieu des Arabes avait pour résultat de faire disparaître la polygamie, je ne serais pas sans inquiétude pour les garçons boulangers, pour les garçons tailleurs et même pour les limousins.

Page 63, ligne 6 et suivantes :

Je vois que les pères vendent les filles aux maris.

Lorsque M. A.... dont la fortune est compromise, mais dont la fille est jolie, force son enfant à épouser M. B..., vieux libertin qui a cinq cent mille livres de rentes, parce que M. B.... rétablira sa position et son crédit; est-ce que ce n'est pas là vendre sa fille? et quelle différence trouvez-vous entre les deux transactions?

Cependant le fait n'est pas rare chez nous.

Avant de réformer la civilisation arabe, commençons donc par moraliser la nôtre.

Du moins, chez les musulmans, ne voyez-vous point les filles acheter leurs maris. Vous ne voyez pas l'homme se vendant à la femme, vivant de la femme, entretenu par la femme.

L'Arabe barbare a, bien autrement que nous, le sentiment de la dignité de l'homme.

Page 65, ligne 4 et suivantes :

Pourquoi donc l'Algérie ne se peuple-t-elle pas
Parce qu'on y manque de liberté, dites-vous.

Je sais plusieurs autres raisons plus vraies, je crois; mais je vais vous en donner une bien naïve, et qui les vaut toutes.

On ne va pas en Algérie, parce que l'Algérie est trop près.

L'Algérie étant à quarante heures de la France, beaucoup ont cru pouvoir en dire leur mot, comme on fait sur le compte d'un voisin dont on médit volontiers, surtout quand on ne l'a pas vu.

Beaucoup en ayant dit leur mot, tous ont cru la connaître.

Or, ce qui est connu, vous le savez, cesse d'éveiller l'imagination, d'exciter les désirs. — L'inconnu seul a de l'attrait.

Tandis que l'Amérique, tandis que l'Australie, tandis que la Californie, c'est si loin! Ceux qui en reviennent, et ils sont rares malheureusement, vous en racontent des choses si surprenantes; on y a des aventures si prodigieuses; on y court des dangers si extraordinaires; on y fait des fortunes si rapides!

Tout cela frappe, tout cela séduit, tout cela fascine, d'autant plus qu'il est impossible de vérifier l'exactitude des faits énoncés. — On croit sur parole, et quand on croit, l'imagination va vite.

Sans compter que la réclame est là pour renchérir sur le tout.

Les Américains veulent peupler leurs déserts ;

Les armateurs veulent avoir des passagers ;

Certains gouvernements ne sont pas fâchés d'exporter une population que la misère rend désagréable.

Chez nous, au contraire, partout où on a parlé de l'Algérie, ç'a été pour blâmer le système et pour discréditer la colonie.

Le gouvernement seul a dit la vérité ; mais comme il n'a dit que la vérité sans battre la grosse caisse, et que d'ailleurs nous sommes ainsi faits que tout ce qui vient du gouvernement nous est suspect, les détracteurs de l'Algérie ont eu beau jeu.

De sorte que :

Défaut de curiosité d'une part,

Défiance de l'autre ;

On est resté chez soi, ou l'on a pris une autre route.

S'il revenait de l'Union, de l'Australie ou de la Californie, autant d'individus qu'il en revient d'Alger, d'Oran ou de Philippeville, on verrait l'émigration européenne diminuer rapidement.

Mais on n'en revient guères.

La traversée est longue, coûteuse et fatigante. Lorsqu'on a été déposé, harassé et la bourse vide, sur le quai de Melbourne, de New-York ou de San-Francisco, il faut faire contre fortune bon cœur et rester bon gré mal gré. — Et l'on reste.

Qu'il meure trois émigrants sur quatre ; peu importe ! qui le sait ? Il en a été débarqué quatre millions, c'est toujours un million de gagné pour les populations coloniales.

Vous rappelez-vous ce proverbe vulgaire :

« Nul n'est prophète dans son pays. »

Le sens, sinon la lettre, de ce proverbe vous dit pourquoi l'Algérie ne se peuple pas.

Mettez notre colonie algérienne au milieu de l'océan Pacifique, et elle recevra sa quote-part des quatre millions d'émigrants que l'Europe exporte chaque année.

Page 66, 2ᵉ alinéa : •

Oui certes, si l'on veut réglementer la colonisation, en fixer la marche, en régler la manifestation ; oui certes, la colonisation sera une question compliquée. Les systèmes heurteront les systèmes ; les expédients heurteront les expédients, etc., etc.

Ceci est fort juste, mais à qui la faute ?

Quand un système fonctionne à peu près bien, pourquoi le démolissons-nous ?

Parce que, même en faisant le sacrifice de notre intérêt personnel, motif par lequel je ne suppose pas qu'aucun de nous se laisse dominer, nous avons tous la prétention de faire mieux que notre voisin. Ceci est un sentiment si naturel que, lorsque nous voyons l'un d'entre nous essayer infructueusement de faire quoi que ce soit, ouvrir une serrure forcée, remettre droit un objet qui n'est pas d'aplomb, etc., etc., nous ne sommes pas contents que nous n'y ayons mis la main ; et cela avec la ferme conviction de réussir là où l'autre a échoué.

C'est ce qui me faisait vous dire, quelques pages plus haut, que si la libre discussion a son bon côté, elle a aussi bien des inconvénients ; et que, dans certains cas, — celui dont il s'agit par exemple, — elle est plutôt nuisible qu'avantageuse.

Troisième lettre de M. de Girardin.

Page 74, ligne 19 et suivantes :

On ne colonise pas un territoire où les indigènes sont en si grand nombre qu'impossible serait soit de les exterminer, soit de les chasser, etc., etc.

L'un et l'autre moyen ne sont ni de notre époque ni dans le caractère généreux et chevaleresque de la France. — C'est l'opinion de MM. de Girardin et Duvernois, et c'est aussi la mienne.

Aussi dis-je :

Les Français et les Arabes doivent marcher côte à côte, comme de bons voisins, abandonnant au temps le soin d'amener la fusion.

En Algérie, la terre ne manque pas, Dieu merci. — Il y en a pour tout le monde, pour les Arabes et pour nous. Légitimons la conquête par le travail. — Laissons les Arabes cultiver à leur manière. Défrichons et cultivons à la nôtre. Si nous faisons mieux qu'eux, leur intérêt leur dira qu'il faut faire comme nous. Nous avons besoin de leurs bras ; ils auront besoin de nos conseils et de notre expérience. La nécessité rend les transactions faciles. De la fusion des intérêts naîtra la fusion des sentiments. Le Français s'arabisera, l'Arabe se francisera ; et nous arriverons ainsi, sans bouleversement, sans contrainte et *sans pachalick*, à former, non pas un peuple autonome, mais une population mixte où la différence de la race, du costume, de la religion et même des usages et des mœurs pourra subsister, sans que les relations aient à en souffrir. Il se passera en Algérie ce qui se passe en Alsace, où catholiques, protestants et juifs vivent en bonne intelligence et sont tous de *très-bons citoyens français*, malgré la différence du culte, des habitudes et de l'idiôme.

Quel est le lien? L'habitude et la nécessité ; à moins que ce ne soit la choucroute.

Page 76, ligne 4 et suivantes :

Se borner à stipuler la destruction de toute piraterie, l'interdiction de toute fortification sur la côte, le remboursement des frais de la guerre et le paiement d'un tribut annuel.

Voilà, suivant M. de Girardin, ce que le gouvernement aurait dû faire le lendemain de la prise d'Alger.

Et le surlendemain nous aurions eu à recommencer la conquête.

Est-ce que le dey d'Alger était maître chez lui, maître d'imposer à son peuple le sacrifice d'un seul de ses intérêts ? Pas plus que l'empereur du Maroc qui a plus peur de ses sujets que de nous, et que l'Angleterre, la France et l'Espagne ont châtié, chacune à son tour et à différentes reprises, sans que la correction ait eu des résultats bien positifs.

Page 76, dernier alinéa :

Tous les actes du gouvernement vainqueur portent l'empreinte de cette pensée dominante: Gouverner l'Algérie à l'image de la France; mêmes percepteurs, mêmes douaniers, mêmes receveurs de l'octroi, mêmes porteurs de contraintes , mêmes conseillers municipaux et généraux, mêmes maires, mêmes sous-préfets, mêmes préfets, même bureaucratie, etc., etc.

Tout cela était un contre-sens, et l'est encore aujourd'hui. — Je suis de l'avis de M. de Girardin.

Mais qui l'a voulu?

Les antagonistes du gouvernement militaire, ceux qui, aveuglés par une antipathie peu raisonnée, ne veulent voir dans l'armée qu'un instrument de conquête ou d'asservissement. Avec le système militaire, tel que le comprenait l'illustre maréchal Bugeaud, tel que le comprennent MM. les maréchaux Randon et de Mac-Mahon, la plupart de ces fonctionnaires sont inutiles.

Pourquoi donc en a-t-on doté la colonie?

D'abord un peu, sans doute, pour satisfaire certaines exigences parlementaires;

On ne vote pas le budget d'une colonie comme l'Algérie sans penser qu'il y a là matière à une foule d'emplois fort agréables. — Quelle est la famille qui n'a pas quelques membres à pourvoir?

Puis, pour répondre aux vœux de certains colons influents, habitant les villes, lesquels ont voulu, comme le dit avec tant de justesse M. de Girardin, retrouver à Alger un simulacre de Paris;

Qui se sont mis en tête qu'il était humilant de vivre courbés sous le *régime despotique et inintelligent* du sabre;

Et qui, dès qu'ils ont vu les Bédouins refoulés à quelques lieues du littoral, ont répété à haute voix que l'œuvre de la conquête était accomplie; que l'heure de la colonisation avait sonné, et que l'armée, n'ayant plus à batailler et étant impropre à coloniser, il était temps, plus que temps, de substituer à l'autorité militaire le régime doux, bienveillant et paternel des maires et des préfets?

Le gouvernement du roi Louis-Philippe a eu tort de céder à cette pression intempestive; mais alors nous *avions le bonheur d'être libres.* Or, quand la nation est libre, le gouvernement ne l'est pas. C'est du moins ainsi chez nous. La presse, pre-

nant parti pour les colons criards, le gouvernement dut se soumettre; et voilà comment ce flot de fonctionnaires et d'institutions civiles a fait irruption sur l'Algérie.

III

Un fait positif ressort de l'examen auquel je viens de me
livrer, c'est que si les auteurs de la brochure et moi nous dif-
férons sur les moyens de remédier au mal, nous sommes du
moins complétement d'accord quant à l'existence du mal.

Notre diagnostic est le même, c'est beaucoup. Ainsi donc,
j'avais raison.... malheureusement, lorsque, dans les premiers jours d'avril, au moment où paraissait la brochure de
MM. de Girardin et Duvernois, j'écrivais ce qui suit :

L'Algérie souffre; l'Algérie est dans le marasme; l'Algérie se
meurt !

Voilà ce que j'entends répéter autour de moi par tous les
Africains.

J'appelle ainsi ceux qui n'ont pu mettre le pied sur cette
terre bénie où le sol est si fécond, l'air si tiède et le ciel si pur,
sans se prendre pour elle d'une irrésistible passion.

L'Algérie souffre ! ainsi redisent à l'envi tous ceux qui, rap-
pelés en France par les nécessités de leur position, quittent
notre belle conquête le cœur rempli de regrets et d'amertume,
en voyant, après trente ans de possession, tant d'argent, tant
d'efforts et tant de sang improductifs.

L'Algérie souffre, disons mieux, afin d'éviter qu'on nous taxe
d'exagération, l'Algérie est dans la position d'un enfant né avec
une constitution magnifique, qui naguère encore donnait de
belles espérances, mais dont le développement cesse tout à
coup, sans que les parents puissent reconnaître la cause de ce
temps d'arrêt.

L'enfant est entouré de tous les soins désirables; il est bien
logé, bien couché, bien habillé, bien nourri, et il ne profite
pas.

Pourquoi?

Et que faut-il faire?

On appelle un docteur, puis un second, puis un troisième.

Chacun d'eux propose son remède : le premier, les drastiques ; le second, les toniques ; le troisième est pour les émollients.

Mais l'enfant continue à dépérir, et il est déjà bien bas lorsqu'arrive enfin un voisin, homme de sens, qui dit à la mère :

« Votre enfant a été nourri à la campagne ; il a changé plu-
« sieurs fois de nourrice ; c'est un tort, mais ça n'a pas dépendu
« de vous. Toutes n'ont pas été également bonnes, c'est un
« malheur; mais en dernier lieu, quand vous l'avez sevré, il se
« portait à merveille et se développait à vue d'œil.

« Vous l'avez rappelé à la ville et il souffre.

« C'est que l'air de la ville ne convient pas à cette nature pleine
« de séve. Rendez-lui l'air des champs et votre enfant est
« sauvé. »

Je n'ai certes pas la sotte prétention de venir ici me poser comme le voisin de bon sens de qui l'Algérie doit attendre son salut.

Mais ce que je puis faire assurément sans crainte d'être blâmé, c'est de dire franchement ce que je crois la vérité et de combattre ce que je crois l'erreur.

Dans ma conviction, l'Algérie souffre parce qu'on y a substitué trop tôt, au système militaire, le système civil pour lequel elle n'était pas mûre encore.

Non point qu'il entre dans ma pensée de critiquer les actes de M. le ministre actuel de l'Algérie. Loin de là ! plus que tout autre je rends hommage à ses efforts, à ses excellentes intentions. Aucun ministre n'est plus sincèrement dévoué aux intérêts des populations qui relèvent de lui ; aucun ministre ne s'en occupe plus incessamment et avec plus de conscience.

Mais que faire contre la force des choses?

Dans un pays où il n'existe ni agriculture, ni industrie, ni commerce, où tout est à créer; dans un pays neuf en un mot, comme était l'Algérie au moment de la conquête, l'œuvre de la colonisation doit avoir deux phases, deux époques bien tranchées : phase agricole, phase commerciale et manufacturière. Celle-ci ne peut venir qu'après celle-là. Ainsi le veut la loi naturelle.

En Afrique, les deux époques ont été confondues.

Les terres n'étaient point défrichées encore ; la colonie ne produisait pas de quoi nourrir ses rares habitants, il lui fallait demander à la mère-patrie, pain, vin, viande et fourrages, et déjà la spéculation, cette lèpre de la société moderne, cet *acarus giganteus* qui, sans rien produire, prélève sur le travail une quintuple dîme, la spéculation, dis-je, s'était abattue sur Alger ; la fièvre de l'agiotage bouleversa les têtes ; on vit conclure des marchés monstrueux.

Aussi qu'est-il arrivé ?

Une affreuse débâcle financière qui a tué le crédit et fait fuir le capital.

Ceci se passait il y a quinze ans.

Depuis lors, la leçon a-t-elle profité ?

A-t-on porté remède au mal ?

Non. Parce que, pour guérir un mal, quel qu'il soit, il faut bien en connaître la cause, et parce que, cette cause étant connue, il faut un traitement raisonné, suivi, méthodique, et non pas une médication éphémère qu'on interrompt sitôt qu'il y a du mieux dans l'état du malade.

Or, la cause du mal on l'a vue, je crois, là où elle n'était pas.

L'Algérie ne prospère pas, parce qu'elle est encore dans la phase agricole, c'est-à-dire dans l'enfance, et qu'on la traite en adulte, en y introduisant toutes les institutions qui forment le cortège d'une civilisation *avancée*.

C'est un enfant de trois ans à qui l'on donne *du tabac et des liqueurs fortes*.

La première phase de la colonisation demande chez les colons des facultés spéciales : énergie, moralité, patience, enfin un penchant prononcé pour les travaux de la terre.

La patience n'est pas notre qualité dominante ; quant au penchant pour les travaux de la terre, il existe si peu chez nous qu'aujourd'hui même, en France, nous en sommes à déplorer l'émigration des campagnes dans les villes et à chercher les moyens d'arrêter cette funeste tendance.

Il suit de là que le premier devoir d'un ministre des colonies serait de refondre d'abord le caractère national; et c'est une tâche que Dieu seul peut se permettre d'entreprendre.

Ce n'est point dire qu'il faille pour cela désespérer de l'avenir; car s'il est impossible de changer tout à coup et en bloc les aptitudes d'une nation, on peut espérer du moins de voir se modifier ces aptitudes chez une partie de ladite nation placée dans des conditions exceptionnelles.

C'est pourquoi je répète, avec une conviction sincère, que c'est par l'armée que doit s'accomplir la première phase de l'œuvre de colonisation.

Et je vais essayer, cher lecteur, de vous faire partager mes convictions que résument nettement les quatre popositions ci-après :

1° Le système militaire a rendu des services que lui seul pouvait rendre;

2° De l'aveu de tous les intéressés, il était dans une très-bonne voie à l'époque où il a dû céder la place au système civil;

3° A cette même époque, il était encore nécessaire;

4° Enfin, aujourd'hui, c'est seulement par la restauration du système militaire que l'Algérie peut être sauvée.

Bien des voix se sont élevées contre le gouvernement militaire.

Des gens superficiels qui n'ont jamais vécu au milieu de l'armée et ne sont point à même de la connaître, n'y ont voulu voir qu'un despotisme inintelligent, une force brutale, n'ayant pour règle que son caprice.

Et ils ont crié sur les toits :

Qui nous débarrassera du régime du sabre !

D'autres, plus logiques, plus parlementaires et conséquemment plus redoutables, ont rendu, sous une autre forme, une pensée analogue.

Ceux-ci, du moins, ont la loyauté de ne contester au système qu'ils combattent ni l'intelligence, ni le dévouement, ni l'activité, ni la suite dans les desseins,

Mais ils lui reprochent d'avoir *reconstitué la nationalité arabe* [1].

« Organisation civile, judiciaire, militaire, protection ouverte
« pour le culte hostile au lieu d'une simple tolérance ; en un
« mot, tout ce qui peut avec le temps constituer un peuple
« homogène, existe. — Et on a pu se dire :

« EXEGI MONUMENTUM. »

« Malheureusement, ce monument n'est ni un palais, ni
« une ferme, ni une usine ; c'est *une geôle*, dans laquelle, indi-
« gènes et colons, *écroués séparément*, ne peuvent pas plus agir
« pour le bien que pour le mal.

« Le système militaire, représenté par les bureaux arabes,
« est une épée dont la poignée est entre nos mains, c'est vrai ;
« mais dont l'action est exclusivement une action de force.

« Or, pour décider le capital et la famille à s'aventurer au
« loin, il faut une autre garantie que la force, et cette garantie
« ne peut pas se rencontrer dans un système qui place le colon
« dans une position *voisine du servage*. »

Telle est aussi l'opinion de MM. de Girardin et Duvernois, à cette différence près que le premier reproche au gouvernement *d'avoir sacrifié la nationalité arabe,* tandis que le second affirme que *cette nationalité est morte* depuis longtemps et *n'est pas près de renaître.*

Ce qui doit du reste consoler le système militaire et lui faire prendre en patience les attaques dont il est l'objet, c'est que tous ses antagonistes conviennent, avec une généreuse franchise, que depuis 1858 les choses ne vont pas mieux qu'auparavant. — On convient même qu'elles vont un peu plus mal.

[1] *Voir* la *Presse* du 14 juillet 1859.

En principe, le gouvernement militaire n'est point le despotisme:

Ce qui peut accréditer chez quelques-uns cette opinion erronée, c'est qu'ils ont toujours présent l'état de siége ; c'est qu'ils savent que lorsqu'une société croit son existence en péril, c'est entre les mains d'un militaire qu'elle concentre tous les pouvoirs ; c'est qu'elle choisit pour dictateur un général.

Hâtons-nous de les rassurer.

On ne devient pas général sans avoir fait preuve de grandes qualités ; sans être homme de bon sens et homme de cœur. — Or, l'homme de sens et de cœur, qui a l'habitude du commandement, est moins que tout autre disposé à faire sentir son autorité.

De même que la fortune, l'autorité n'enivre que celui qui l'a inopinément et qui n'en est pas digne.

Il n'y a guère pour faire parade ou abus de leur richesse que les enrichis de la veille ou ceux qui ont surpris la fortune par de mauvais moyens.

Et puis, sachez-le bien, c'est dans l'armée qu'on trouve le moins d'arbitraire.

Ceci posé, voyons ce qui s'est fait en Algérie depuis le jour de la conquête.

M. de Girardin, je le sais, est d'avis qu'on a fait fausse route.

Mais j'ai dit plus haut ce que je pensais de sa théorie ; d'ailleurs il la produit un peu tard et il n'est plus en notre pouvoir d'annihiler un passé qui remonte à trente ans.

Je dis donc :

La France, nation chevaleresque, éclairée, civilisatrice, pouvait-elle traiter les Arabes vaincus autrement qu'elle n'a fait ?

De deux choses l'une :

Ou il fallait s'assimiler les Arabes,

Ou bien il fallait les anéantir.

Ce dernier moyen n'est plus de notre époque. Et le fût-il, je ne vois pas ce que nous y aurions gagné, car, sans les deux ou trois millions d'Arabes qui peuplent l'Algérie et qui sont à peu près seuls à produire [1], notre vaste et belle colonie ne serait qu'un désert très-coûteux.

Donc il fallait se les assimiler ; mais qu'est-ce que s'assimiler une population ? Et voici, je crois, où une définition du mot assimiler ne serait pas inutile.

Fallait-il, pour préparer la fusion, imposer à l'Arabe une religion, des mœurs, des coutumes, des besoins qu'il n'a pas ?

Assurément non. Un des traits distinctifs du caractère de l'Arabe, homme de la plaine ou Kabyle, c'est l'indépendance. Il est indépendant parce qu'il n'a pas de besoins, et il sait n'avoir pas de besoins, parce qu'il veut rester indépendant. Vouloir le modifier de prime saut et préparer la fusion par la contrainte, c'était augmenter sa défiance, accroître sa haine, exalter son fanatisme, et la guerre n'aurait eu de terme qu'après la destruction du dernier des indigènes.

S'assimiler une population vaincue, c'est, selon moi, lui faire oublier l'humiliation de sa défaite ; l'attirer à soi par de bons traitements, respecter ses croyances quand elles n'ont rien de barbare, lui créer des intérêts communs avec ceux du vainqueur ; combattre, par la persuasion et par de bons exemples, ses préjugés et ses antipathies ; l'éclairer, la relever ; c'est être pour elle ce qu'est le père dans la famille : affectueux, juste et fort.

Tel était le programme posé à tous les gouverneurs militaires de l'Algérie, et si tous ne l'ont pas rempli avec le même bonheur, il en est du moins qui, après s'être mis résolûment à la tâche, sont parvenus à développer les germes d'une prospérité grande et prochaine. Malheureusement, des événements que nul ne pouvait prévoir ne leur ont pas permis de parfaire leur œuvre ; mais l'estime et la confiance qu'ils inspiraient à la fois aux populations indigène et européenne, les sympathies dont

[1] L'Algérie a fourni des grains, des bestiaux et des fourrages à l'armée d'Orient.

Elle a fourni des fourrages et des grains à l'armée d'Italie.

Mais qui a produit ces grains, élevé ces bestiaux ? Ce ne sont certes pas les Européens : ils ont servi d'intermédiaire entre le producteur et le consommateur.

ils se sont vus entourés à leur départ, prouvent, sans conteste, qu'ils étaient dans la bonne voie.

L'Arabe a la haine du Roumi, nous dit-on; d'accord. Eh bien, si nous avons amené ledit Arabe à vivre au milieu de nous sans répugnance, à nous seconder dans nos travaux, à échanger loyalement ses produits avec les nôtres, à prendre part à nos fêtes, à combattre à nos côtés, à fréquenter nos églises et nos écoles, à se montrer empressé et respectueux lors des grandes solennités du culte catholique; si nous l'avons amené, fait plus significatif encore, à nous envoyer spontanément ses offrandes lorsque nous organisons des œuvres de bienfaisance au profit d'*enfants chrétiens* [1], n'est-ce point là un commencement de fusion, d'assimilation, sinon une fusion et une assimilation complètes ?

Je néglige avec intention d'autres preuves non moins évidentes de l'assimilation des indigènes, c'est-à-dire l'intempérance, l'abus des liqueurs fermentées, vice avec lequel l'Arabe ne s'est que trop familiarisé, malgré la défense du prophète....

Ceci n'est pas le plus beau côté de la chose.

Mais il est convenu que la civilisation européenne est un bienfait....

En somme, les résultats positifs dont j'ai parlé plus haut, résultats qui sont l'œuvre exclusive du gouvernement militaire, et dans lesquels je cherche vainement trace d'*oppression* ou d'*abjuration*, doivent-ils être comptés pour rien et comment seraient-ils un obstacle au progrès de la colonisation ?

Comment y voir la persistance d'un système défectueux qui, jusqu'à ce jour, a éloigné le capital et paralysé l'émigration ?

Bon si, s'occupant exclusivement des vaincus, on avait sacrifié ou seulement négligé les intérêts européens.

Mais que n'a-t-on pas fait pour favoriser la colonisation, pour attirer le capital, pour engager l'émigration ?

Sans parler des grands travaux publics exécutés dans l'intérêt commun; des routes, des ports, des caravansérails, des for-

---

[1] Le fait a eu lieu sous le gouvernement de M. le maréchal Randon, après la conquête de la grande Kabylie.

tifications, des fontaines, des lavoirs, des barrages, des canaux de desséchement et d'irrigation, des églises, des écoles, des hôpitaux, des théâtres, etc., etc. ;

On a donné, à qui en voulait, non-seulement des terres, mais des maisons, des instruments aratoires, des bêtes de labour, des rations de vivres et de l'argent....

On imposait un programme, sans doute.

En définitive, quand on défraye complétement un individu et qu'on a quelque raison de ne pas le croire très-porté au travail, il faut pourtant bien lui tracer sa besogne.

Eh bien, ce programme, si simple qu'il fût, les neuf dixièmes ne l'ont pas rempli.

Savez-vous ce qu'ont fait certains colons?

Ils avaient reçu des terrains plantés d'ormes, d'oliviers, de frênes ;

Sous prétexte de défricher, ils abattaient tout, vendaient le bois, et avec le produit de la vente ouvraient un cabaret ; quant au sol, ils ne s'en occupaient plus.

D'autres, après avoir pris possession, après avoir bâti une baraque et planté quelques arbres, restés à l'état de perches d'étendage, ont laissé leurs terres incultes faute de ressources pécuniaires ou de bonne volonté.

Puis, parmi les grands concessionnaires, parmi ceux qui possèdent par centaines et même par milliers d'hectares les plus belles parcelles du territoire distribué :

D'aucuns louent leurs concessions aux Arabes mêmes qu'on a dépouillés pour les enrichir ;

Plusieurs font récolter par des entrepreneurs et vendent à l'administration militaire le fourrage des prairies naturelles;

Puis, ceux-ci comme ceux-là vivent tranquillement en France de leurs revenus d'Afrique.

O Meliboee, Deus nobis hæc otia fecit [1] !

Enfin il en est qui résident et exploitent de leurs mains; mais je n'oserais pas affirmer qu'ils soient les plus nombreux.

Vous voyez que le programme imposé n'est point une en-

---

[1] *Deus* peut se traduire ici par *le dey* d'Alger.

trave bien gênante, et je ne sais pas trop ce que pourraient faire de plus des gens complétement libres?

Certes, c'est là un état de choses vicieux, un abus ; et ce n'était point en vue de pareils résultats qu'ont été accordées les concessions gratuites.

Mais comment s'y serait pris le système civil?

Il aurait vendu les terres?

Pour vendre, il faut des acquéreurs, et nous verrons bientôt que les acquéreurs sont rares.

Comment s'y serait pris le régime de la liberté absolue?

Ici, je l'avoue, il pourrait avoir du bon.

Les nouveaux immigrants, ne reconnaissant pas l'*absentéisme*, s'empareraient des concessions dont les titulaires ne résident pas (il paraît que cela se pratique ainsi dans l'ouest de l'Union); et tel concessionnaire qui fait aujourd'hui bonne figure en France, sans s'être donné grand mal pour acquérir sa fortune, sans se donner grand mal pour la mériter ou la conserver, se trouverait exproprié de fait; ce qui, je crois, ne scandaliserait personne

Voyant l'abus et le peu de succès des concessions isolées, on a résolu de former des centres de population. On a créé à grands frais des villages autour desquels rayonnaient des lots de terre cultivable assez nombreux, assez étendus pour assurer l'existence de chaque famille. Dire que les maisons aient été bâties avec une parfaite intelligence des besoins à satisfaire, je ne l'affirmerais pas. Quoi qu'il en soit, les maisons terminées, les voies tracées, le village clos de murs et de fossés capables d'assurer sa défense, on a fait appel aux hommes de bonne volonté; militaires ou civils, tous ceux qui ont demandé ont obtenu ; — peut-être aurait-on pu se montrer plus exigeant dans les choix; — mais pour choisir, il faut de l'excédant, et l'on n'avait guère que le nécessaire bien juste.

A peine s'est-il trouvé dans les villages quelques débitants de liqueurs, qu'ils ont réclamé, à hauts cris et comme un droit, le bénéfice des institutions civiles.

Je suis juste, et je conviens que le débitant avait lieu d'en vouloir au gouvernement militaire...., tout comme le malfaiteur a le droit de se plaindre du gendarme.

Par ordre du gouverneur, nos officiers de santé visitaient les débits, dégustaient les liquides en vente, et faisaient répandre sans pitié tout ce qui était sophistiqué.

C'était porter atteinte à la liberté du *commerce*.

Il y avait là antagonisme flagrant :

Le *commerçant* trouvait son compte à empoisonner nos soldats ;

Le chirurgien militaire avait intérêt à ce que nos soldats ne fussent pas empoisonnés.

Toujours est-il que, pour satisfaire au vœu de la population non militaire, on lui a prodigué les institutions civiles sous la forme de fonctionnaires de tous les ordres, de tous les grades et de toutes les catégories connues. La nomenclature épuisée, on en a inventé de nouveaux au profit de l'Algérie. Cet acte a eu pour résultat d'augmenter d'un tiers la population coloniale et de faire connaître l'Afrique française à bon nombre d'Européens qui s'y trouvent bien et l'ont adoptée.

Ainsi, tout compte fait, la mesure a eu du bon.

Malheureusement, à la suite et à la faveur des institutions civiles, on a vu s'abattre par nuées sur la colonie ces êtres parasites, rongeurs, suceurs, qui sont dans les États civilisés ce qu'est la sauterelle au désert ; véritables vampires qui s'abreuvent des sueurs et du sang du travailleur et ne l'abandonnent que quand ils en ont fait ce que l'araignée fait de la mouche.

Plus tard, supposant que les gros capitalistes, gens par nature assez vaniteux, pouvaient répugner à recevoir gratuitement ce qu'ils étaient en mesure de payer, on a essayé de vendre les terres. Les gros capitaux n'ont pas répondu à l'appel comme on était en droit de l'espérer.

Bref, tout en donnant au régime arabe le degré de perfectionnement dont il est susceptible, on a fait, pour sauvegarder les intérêts français, tout ce qu'il était humainement possible de faire. On a fait marcher de front la *civilisation des Arabes* et la *colonisation par les Européens*, c'est-à-dire ce que demandent, chacun de son côté, MM. de Girardin et Duvernois.

Tous les novateurs ont été entendus, toutes les théories accueillies et expérimentées.

Une seule exceptée, nous dit-on, *la théorie de la liberté.*

J'ai dit ce que je pensais à cet égard ; la liberté pour moi n'est qu'un mythe ; à moins que ce ne soit, comme l'entendent certaines classes, le désordre, la violence et la ruine.

Vous nous faites un reproche d'avoir reconstitué la nationalité arabe.

J'aurais le droit de répondre :

D'autres nous font le reproche de l'avoir sacrifiée.

Mais ceci aurait l'air d'un faux-fuyant ; j'aime mieux répondre par un fait.

Que serait l'Algérie sans les Arabes — et sans l'armée?

Fallait-il la laisser déserte? et puisque l'émigration française n'arrivait pas, malgré toutes les avances qui lui étaient faites, n'était-ce point une nécessité de former une population avec les éléments trouvés sur place?

Dans le principe, le gouvernement militaire avait eu la très-bonne pensée de distribuer des terres à l'armée.

Cet acte avait un triple but :

1° Occuper la troupe, améliorer son sort, l'intéresser à la conquête ;

2° Créer des ressources qui n'existaient pas dans le pays ;

3° Attacher au sol des hommes énergiques, familiarisés avec les fatigues et le climat.

Chaque corps fonda sa ferme et l'exploita avec succès pendant un certain temps.

Mais des raisons que je n'ai jamais connues ont fait retirer à l'armée les propriétés qu'elle avait laborieusement et intelligemment créées ; puis on les a mises en vente.

C'étaient, en général, des établissements fort bien conçus, largement installés. J'en ai visité plusieurs, et je citerai en première ligne la ferme d'El-Arrouch et la ferme des Chasseurs à Constantine.

Eh bien, de ces établissements, les uns n'ont pas trouvé d'acquéreur, bien que la mise à prix fût des plus modestes ;

d'autres, après avoir passé successivement entre les mains de colons européens qui s'y sont ruinés, dit-on, ont été en fin de compte achetés par des indigènes, juifs ou musulmans, qui les ont remis en état et en dirigent personnellement l'exploitation.

Ceci prouverait déjà que l'élément indigène a quelque valeur, qu'il a confiance en nous, qu'il comprend et accepte nos lois et nos coutumes, qu'il est *libre,* aussi bien que le colon français, et non pas ÉCROUÉ SÉPARÉMENT DANS UNE GEÔLE ; enfin, qu'il n'est point un obstacle à la colonisation ; mais il serait difficile d'en conclure que la nationalité arabe ait été *sacrifiée* ou *reconstituée.*

Les deux reproches me paraissent donc tomber à faux.

Ceci prouverait encore que l'élément militaire est apte à défricher et à mettre en culture, à l'opposé de l'élément civil qui peut avoir d'autres aptitudes, mais qui n'a pas celle-là.

Me direz-vous qu'on a sacrifié les intérêts français aux intérêts arabes ? J'ai ma réponse toute prête.

J'ai vu dépouiller une tribu amie, dévouée, laborieuse, attachée au sol ; lui enlever 2,700 hectares de terres magnifiques qu'elle cultivait de père en fils, pour en doter un capitaliste parisien qui s'est mis en tête, un beau jour, de fonder une ville en Afrique, et en a pris l'engagement auprès du ministre la guerre qui a eu confiance [1].

Le concessionnaire, il faut le dire, y allait de tout cœur ; mais au bout de six mois, il était mort à la peine.

Tout en lui tenant compte de ses bonnes intentions, tout en payant à sa mémoire le tribut de regrets et d'estime que mérite son dévouement, je suis obligé de dire qu'en août 1856 il n'existait encore, de tout ce qu'il avait promis de faire, qu'une espèce de caravansérail inachevé, d'une construction baroque,

---

[1] Cet acte que je suis loin de défendre et que le gouvernement local n'a pas vu, je crois, avec satisfaction, m'a toujours paru une faute et une iniquité.

et un assez joli pavillon qu'habitait le représentant de ses héritiers.

Quant aux terres, on se contentait de les louer aux Arabes à qui on les avait prises.

Si c'est là sacrifier l'intérêt français à l'intérêt indigène, franchement, je n'envie pas le sort de ceux qu'on favorise.

Certes, il y a eu des essais infructueux, et il est à remarquer que ce sont précisément ceux qu'on a voulu tenter en *dehors de l'armée* et *au nom de la liberté*.

Ce qui fait qu'on a tout naturellement imputé les échecs au gouvernement militaire et à sa préférence pour les intérêts indigènes.

Dans la pensée de ceux qui l'adressent, le reproche est logique ;

Voyons s'il est fondé.

Est-ce la faute des Arabes si les cinquante millions dépensés par la république, en vue de peupler l'Algérie, n'ont servi qu'à jeter sur cette terre qui veut des bras jeunes et forts, quelques milliers de citadins parfaitement étrangers à l'œuvre qu'il s'agissait d'accomplir ?

Que sont devenues ces bandes de colons expédiés en 1848, au bruit des fanfares et de la *Marseillaise?* Sont-ce les Arabes qui les ont massacrés ? Tout au contraire, ils les aidaient et les protégeaient [1].

Voyez aujourd'hui les villages qu'on a construits à grands frais pour ces émigrants pleins d'ardeur. Ils sont déserts pour la plupart, ou, si vous y trouvez dix maisons habitées, c'est qu'on y débite de l'absinthe, du vermouth et des champoreaux ; mais les Arabes ne les ont ni dévastés ni incendiés.

Quant aux colons, ceux qui étaient sobres, intelligents et

---

[1] Sur toutes les voies de communication rurale qui peuvent offrir quelque danger, les bureaux arabes ont organisé des postes indigènes avec mission de donner asile aux voyageurs que la nuit surprend, ou de les escorter s'ils tiennent à poursuivre leur route.

Grâce à cette police active, bienveillante, intelligente et gratuite, les crimes et les accidents sont plus rares en Algérie qu'en France, même en tenant compte du chiffre inférieur de la population coloniale.

laborieux se sont tirés d'affaire. Mais c'est le petit nombre malheureusement. Les uns, hommes d'énergie, ont persisté à cultiver la terre, et, malgré les difficultés qu'amoncelait devant eux l'insuffisance de leurs ressources pécunaires, ils ont fini par ajouter à leur concession les concessions abandonnées ou vendues par leurs voisins, et ils recueillent aujourd'hui, dans une modeste aisance, le fruit de leur labeur.

D'autres se sont réfugiés dans les villes où ils vivotent en exerçant honnêtement une industrie quelconque.

Le reste a disparu. Épuisés par un travail désordonné, par les privations qui résultent de l'inconduite, et aussi par les excès, ils devaient succomber bientôt à la fièvre et au choléra.

Voulez-vous connaître la cause vraie de tous ces faits?

C'est que le Français, généralement impressionnable, impétueux, inconstant, est, par cette seule raison et lorsqu'il reste *livré à lui-même*, incapable de mener à bonne fin toute entreprise de longue haleine qui demande du sang-froid, du calme et de la persévérance.

Or, ces défauts, sous l'influence de ce qu'on appelle inconsidérément *le despotisme du sabre*, se modifient, se transforment et deviennent autant de qualités.

Le Français naît impressionnable. Dans les rangs de l'armée, l'exemple et les traditions le rendent généreux. Son impétuosité devient une bravoure chevaleresque. Son inconstance lui donne cette insouciance charmante, grâce à laquelle il supporte, avec une gaieté communicative, la mauvaise fortune et les privations.

Et voilà ce qui fait l'incontestable supériorité de l'armée française.

Or, d'un homme généreux, intrépide et que ne découragent ni la fatigue ni la misère, on fait aisément un rude pionnier.

Et voilà pourquoi je vous dis que l'armée seule est apte à coloniser, et que, seul, le système militaire convient à une colonie qui est mineure encore.

Et ceci n'est point un paradoxe; ceci est une grande vérité

que les colons eux-mêmes, les colons civils, comprennent
d'instinct.

Demandez au colon laborieux, qu'il soit Maltais, Génois,
Allemand, Espagnol ou Français, à celui qui chérit et pratique
cette vie des champs si favorable au développement des facultés physiques et morales, à celui qui veut ne devoir qu'à
ses bras et à ses sueurs le pain, le bien-être de sa famille, de-
mandez-lui ce qu'il préfère des institutions civiles ou du régime militaire. Il vous répondra peut-être qu'il ne comprend
guère cette distinction et qu'il s'en préoccupe fort peu.

Toutefois, s'il est en territoire militaire, vous apprendrez de
lui que, lorsqu'il a un différend avec son voisin, le commandant de la place prochaine, faisant fonction de juge de paix,
les concilie séance tenante, sans le secours des avocats ni des
avoués, et surtout sans qu'ils aient à bourse délier; que si sa
récolte est mûre, si sa maison a besoin de réparations et que
les bras lui manquent, le général commandant le cercle met
de suite à sa disposition un nombre suffisant de braves trou-
piers qui l'aident de tout cœur, gaiement, lestement et écono-
miquement. Enfin, qu'en toutes circonstances, la bienveillance
et la protection de l'autorité militaire ne lui ont jamais fait
défaut, et que cette bienveillance et cette protection sont toujours et promptement efficaces, parce que l'administration et
la justice militaires ont moins de rouages que la justice et
l'administration civiles, et parce que l'autorité militaire dis-
pose de moyens et de forces que l'autorité civile n'a pas.

Il me semble qu'il n'y a là ni geôle ni servage.

Vous parlerai-je de l'Arabe? Lui aussi vous dira que la justice militaire est la seule bonne, parce que, impartiale, intègre
et intelligente comme la justice civile, elle a, pour lui Arabe,
le mérite d'être expéditive et économique comme celle de ses
cadis.

Et à ce propos, il me vient une idée que je livre à la médi-
tation de ces utopistes de bonne foi qui rêvent la république
universelle, et qui, après s'être battu les flancs pour inventer
une association libre et fraternelle, n'arrivent pas même à
perfectionner l'hospice des ménages. C'est que l'armée française est tout simplement la plus républicaine de toutes les

institutions, et que là seulement on trouve, mise en pratique dans son acception la plus large, cette fameuse formule passée à l'état de mythe et d'épouvantail, parce qu'elle n'a jamais été comprise :

LIBERTÉ, ÉGALITÉ, FRATERNITÉ.

Aussi partout en Algerie l'armée a-t-elle marqué sa présence par des œuvres grandes et utiles.

Taillées dans le roc au flanc de la montagne ou élevées en chaussées dans la plaine, seule elle a fait les belles routes qui sillonnent aujourd'hui la colonie.

Dans les ports, dans les villes, dans les forteresses, dans les camps, partout ses bras ont accompli le plus rude de la tâche.

Enfin, avant que l'État eût alloué des fonds pour le chemin de fer de Blidah, l'armée seule, sous l'impulsion donnée par M. le maréchal Randon, avait exécuté une partie des terrassements et quelques travaux d'art.

Quoi qu'il en soit, je ne prétends pas soutenir que l'ancien système n'ait point commis de fautes ; ça serait trop de bonheur.

Mais ces fautes, peu nombreuses d'ailleurs, peut-il en être responsable et ne trouvent-elles pas leur excuse dans les fluctuations de l'opinion publique ?

Tiraillé dans tous les sens, comment marcher droit et ferme dans une seule et même voie, quand chaque parti, tour à tour maître du pouvoir, prétendait imposer la sienne ? quand chaque session parlementaire, quand chaque commotion politique remettait en question l'existence de la colonie ?

Le gouvernement militaire, toujours généreux, paternel, équitable, s'est montré surtout désintéressé. S'il en était autrement, il aurait commencé par favoriser les siens. L'a-t-il fait ? Non. Qu'on me cite, parmi les grands concessionnaires de l'Algérie, un gouverneur, un général, un officier supérieur y ayant exercé un commandement de quelque importance.

Peut-être est-ce là une faute ? car si celui qui est à la tête de la colonie ou d'une partie de la colonie, tient à posséder, c'est qu'il a confiance dans l'avenir de la colonie, c'est qu'il juge que la possession est bonne, et l'exemple est contagieux surtout quand il vient de haut [1].

Mais c'est alors qu'on eût crié à l'abus, à la corruption !

Qui sait si les Bugeaud, les Cavaignac, les Randon et les Mac-Mahon auraient trouvé grâce devant le puritanisme de certains partis?

La colonisation algérienne n'est pas ce qu'elle doit être, sans contredit. Elle est insignifiante, nulle; elle doit être pour nous un sujet de regret et de honte si nous la comparons à ce qu'ont fait déjà les Anglais dans leur nouvelle colonie de l'Australie.

Mais quelle est la raison de ce fait?

Avant d'inculper les systèmes et ceux qui les ont mis en pratique, voyons s'il pouvait en être autrement. Examinons les tendances, les habitudes et les mœurs de la nation française.

Il en est des peuples comme des individus. Chacun a sa spécialité, et malheur à celui qui n'en a pas! Individu ou peuple, il végète sa vie durant, essayant de toutes choses et ne réussissant à aucune.

Tel peuple est fabricant, tel autre excelle dans le commerce, un troisième est agriculteur et pasteur; un quatrième, brave, ardent, chevaleresque, semble avoir pour mission de porter au loin les lumières et l'amour de la liberté.

Telle est la spécialité du Français.

Guerrier, aventureux, mais peu spéculateur, toujours prêt à prendre parti pour le faible et l'opprimé, il dépense des forces vives au profit des autres et n'a jamais le temps de penser à lui. Puis, la France est si féconde et si belle ! la vie y est si douce! Pourquoi donc s'expatrier ? Le Français, pour un cause qui lui paraît généreuse, vole avec enthousiasme aux quatre coins du monde; il s'y fait tuer, mais il n'y plantera pas sa

---

[1] On prêtait cette opinion à Mgr le duc d'Aumale, et bien des personnes, à Alger, m'ont assuré que son intention était d'acheter des terres et de fonder de grandes exploitations agricoles et industrielles.

tente; le Français a, plus qu'un autre peuple, l'amour du sol natal.

Et voilà pourquoi le Français n'est pas colonisateur!

A cette inaptitude naturelle du Français à l'endroit de la colonisation, sont venues se joindre d'autres causes qu'il n'est pas inutile de signaler.

Aucun de nous n'a oublié que tandis que le gouvernement, en vue de peupler sa belle conquête, faisait appel aux hommes jeunes et forts de l'intérieur, certains personnages dont la voix avait du retentissement, des députés, des publicistes, des médecins en renom, semblaient prendre à tâche de discréditer notre colonie. L'Algérie devait, suivant eux, absorber le sang et les finances de la France sans lui rien donner en retour. C'était un pays de malédiction dont la description pouvait se résumer ainsi :

Terre désolée, sans végétation ni cours d'eau, peuplée de bêtes féroces, de reptiles venimeux et de créatures humaines plus redoutables que les fauves. Climat dévorant, maladies endémiques impitoyables pour l'Européen, ciel de feu brûlant les récoltes, nuées de sauterelles vomies par le désert pour compléter l'œuvre de destruction, etc....

Que n'a-t-on pas dit?

En somme, ces honnêtes trembleurs concluaient à l'abandon ou tout au moins à l'occupation restreinte.

Comme c'était encourageant!

Ajoutons que la soif de la spéculation, qui ne s'est révélée chez nous qu'après vingt ans de paix, et que le désœuvrement seul a fait naître, et non pas, comme on l'a dit *bêtement et calomnieusement*, la corruption du gouvernement, ajoutons, dis-je, que la soif de l'or, *auri sacra fames*, a trouvé à l'intérieur, dans des milliers d'entreprises bonnes ou mauvaises, un aliment suffisant; et, toutes ces causes étant réunies, nous comprendrons :

Pourquoi les capitaux ne se sont point portés vers l'Algérie;

Pourquoi l'émigration a été si restreinte;

Pourquoi les trois provinces ne comptent pas 150,000 Français;

Et nous cesserons d'inculper et le système suivi et les

hommes qui ont été chargés jusqu'à ce jour de diriger les affaires de la colonie africaine.

C'est une chose remarquable et déplorable à la fois que, dans les questions qui se traitent publiquement, on vise presque toujours à côté du but; qu'on aille si souvent chercher midi à quatorze heures !

Voilà pourtant comment, sans intention mauvaise, on égare l'opinion publique; car, de guerre lasse et à force de trouver les mêmes formules incessamment reproduites dans les journaux et dans les livres, les masses finissent par accepter ces formules comme articles de foi.

Sous le gouvernement du roi Louis-Philippe, on semait la défiance en disant :

« Le roi a des engagements pris vis-à-vis de l'Angleterre; un « jour ou l'autre on abandonnera l'Algérie. »

Pour mettre un terme à cette calomnie, le roi déclare que l'Algérie est une terre à jamais française et nomme un de ses fils gouverneur général.

Le duc d'Aumale part avec sa famille et s'installe à Alger, comme un homme qui n'en veut plus sortir. Les masses comprennent enfin qu'un souverain ne peut pas avoir des intérêts autres que ceux du peuple qu'il gouverne; on se met résolûment à l'œuvre; une ère de prospérité va s'ouvrir pour notre belle possession.

Vous faut-il des preuves?

Rappelez-vous le profond respect, les regrets unanimes, la touchante sympathie, témoignés aux princes lorsqu'ils partirent pour la terre d'exil.

Rappelez-vous la noble énergie avec laquelle les Algériens se sont opposés à l'enlèvement de la statue du duc d'Orléans.

La révolution de février éclate, et tout est remis en question.

Plus tard, l'empereur Napoléon III, plein de sollicitude pour une colonie qu'il estime ce qu'elle vaut, y envoie comme gouverneur un des meilleurs administrateurs de l'armée, M. le général comte Randon.

Dévoué de cœur à la prospérité d'un pays qu'il a longtemps étudié et qu'il aime; affable, bienveillant, d'un jugement sûr, d'une droiture proverbiale, le général avait toutes les qualités voulues pour diriger avec succès les affaires civiles et militaires. Sage d'ailleurs et ne voulant rien donner au hasard, il n'avance d'abord que pas à pas; mais tout ce qui émane de lui est bon et durable. Bientôt des actes de la plus haute importance, et parmi ces actes, les relations commerciales nouées avec les Touaregs et les marchés du soudan, les mesures prises pour l'amélioration de l'espèce ovine, le développement donné à nos haras, l'institution d'une marine indigène, et, en dernier lieu, la conquête et la soumission de la grande Kabylie, viennent lui concilier la confiance et l'affection générales. L'élan est encore une fois donné, une fois encore l'avenir s'ouvre brillant.

Mais la France a été tellement prévenue contre le gouvernement militaire; on a répété si souvent et si haut qu'il était temps de soustraire, à l'odieux despotisme du sabre, une population qui n'attend que son affranchissement pour enfanter des merveilles! le moyen de résister à la pression de l'opinion publique?

Le gouvernement militaire est aboli :

Un nouveau système est intronisé.

Qu'a-t-il fait depuis vingt-trois mois? A quoi ont abouti ses louables efforts ?

La confiance est-elle plus grande?

Les capitaux affluent-ils?

L'immigration a-t-elle augmenté d'une manière sensible ? A-t-elle même augmenté?

Hélas non !

Tous, à quelque opinion qu'ils appartiennent, vous diront que la combinaison actuelle, dans laquelle on a voulu ménager les susceptibilités et faire une part égale aux deux autorités civile et militaire, a le défaut de toutes les combinaisons mixtes, de tous les êtres hybrides, c'est-à-dire l'impuissance.

Et si la colonie n'a point succombé, c'est qu'elle vit sur son passé; c'est qu'elle est encore sous l'influence de cette organisation vigoureuse, intelligente, protectrice équitable de tous les intérêts légitimes, qu'elle doit au gouvernement militaire et à la faveur de laquelle, population arabe et population européenne vivaient sans froissements, heureuses, confiantes et tranquilles.

N'est-il pas remarquable, en effet, que depuis 1857, bien qu'il n'y eût plus que fort peu de troupes en Algérie, bien qu'il lui fût permis de juger les circonstances favorables à un soulèvement, puisque la France paraissait absorbée par les grandes questions qui agitent encore l'Europe — la population indigène n'ait pas bougé, ou du moins, qu'on n'ait eu à réprimer que des insurrections partielles.

C'est que la population arabe est mieux préparée qu'on ne pense; c'est qu'aujourd'hui l'Arabe a réellement de l'affinité pour le Français.

L'Arabe est courageux et aime la guerre; la gloire des armes a pour lui du prestige. Il y a dans ses instincts belliqueux une raison suffisante pour lui faire préférer à toute autre la domination française, qui, jusqu'à ce jour, s'est présentée à lui sous *la forme d'une épée*. Nous avons vu les tirailleurs algériens en Crimée et en Italie. Ils s'y sont comportés assez bravement pour que nous soyons fiers d'eux. Eh bien, eux aussi sont fiers de nous. Pour eux, les Français sont le premier peuple du monde, parce qu'ils en sont les premiers soldats. Ce ne sont plus des roumis, ce sont des héros, des frères, et ne pouvant pas être Arabes, ils veulent être Français.

Croyez-moi, la guerre de Crimée et la guerre d'Italie ont assuré pour longtemps l'union des deux races française et berbère;

A une condition toutefois :

C'est que nous resterons pour eux ce que nous avons été jusqu'à ce jour :

Forts, justes et bienveillants,

Des amis *respectés* et non pas des maîtres.

A quel système est dû ce résultat?

Il faut bien reconnaître que le gouvernement militaire n'y est pas absolument étranger.

IV

Je me résume et je dis :

J'ai vu assez longtemps les choses de l'Algérie pour qu'il me soit permis d'émettre un avis et un vœu.

Les colonies ne se fondent point avec des systèmes, moins encore avec de la polémique.

Ce qu'il faut aux colonies naissantes, ce sont des bras actifs et des écus.

Or, si, malgré les efforts du gouvernement civil ou du gouvernement militaire, la population de la métropole continue à ne point émigrer ;

Si les capitalistes de Paris, de Lyon, de Bordeaux, de Marseille, s'obstinent à faire valoir leurs capitaux sur place et à spéculer au jour le jour ;

Si, malgré tout ce qu'il voit et entend dire des féeriques produits de l'Algérie, le cultivateur français préfère le coin de terre que lui a laissé son père ou qu'il a acheté du fruit de ses pénibles économies, aux vastes et riches possessions qu'on lui offre gratuitement ;

Quel que soit le gouvernement que vous appliquiez,

Quel que soit le système qui prévaille,

Que ce soit l'autorité civile qui dirige tandis que l'autorité militaire se bornera à protéger (ce qui, par parenthèse, est un moyen infaillible d'engendrer un conflit incessant) ;

La colonie restera stationnaire et nous en serons encore, dans dix ans, à faire ce que vous faisons aujourd'hui, des articles agressifs ou apologétiques ;

Verba et voces prætereàque nihil.

Entrons dans une autre voie :

Adoptons franchement la devise de l'illustre maréchal Bugeaud :

ENSE ET ARATRO.

Donnons-lui son acception la plus vraie ; traduisons-la mot à mot, et nous y trouverons la solution que chaque système cherche par une voie différente :

Voici la guerre terminée, s'il plaît à Dieu ; les complications se simplifient, les difficultés s'aplanissent, et il est permis d'espérer qu'une longue ère de paix et de confiance va succéder à des inquiétudes et à des agitations qui n'ont que trop duré.

Cependant l'armée, pleine de jeunesse et d'ardeur, ne peut pas rester oisive.

Il faut un aliment à sa dévorante activité. Il faut que cette activité soit dépensée d'une manière profitable pour tous.

Eh bien, à défaut de colons civils, peuplons l'Algérie de soldats, *ense et aratro.*

Envoyons-y tout d'abord 100,000 hommes ; et ne vous effrayez pas de la dépense : dans vingt ans, dans dix ans peut-être, l'armée d'Afrique vivra de ses propres ressources et ne coûtera rien à la mère-patrie.

Je rappelle ici que les bras jeunes et forts de l'armée sont pendant sept ans inutiles et improductifs en France, et que coloniser par l'armée c'est le vrai, le seul moyen de faire produire l'Algérie sans affaiblir la production en France.

Donnez à chaque régiment en toute propriété et à charge par lui de les mettre en culture, autant de fois cinq hectares de terre qu'il comptera d'hommes à son effectif.

Le corps, propriétaire collectif, défrichera, cultivera, exploitera suivant la méthode qui lui paraîtra la plus favorable....

Il n'est point de corps qui ne trouve dans ses rangs les bras et les intelligences nécessaires pour la création et l'exploitation d'une vaste propriété agricole. L'épreuve a été faite déjà.

Que si une seule ferme par régiment offre, à cause de sa trop vaste étendue, des difficultés d'exécution, subdivisez-la par bataillon, au besoin par compagnie. Ceci n'est qu'une affaire de détail.

L'État, pendant la première ou les deux premières années, s'il le faut, fera au conseil d'administration les avances nécessaires pour l'achat du matériel et la construction des bâtiments.

Il se remboursera de ses avances par un prélèvement proportionnel sur les récoltes de chaque année.

Le corps, pendant les dix premières années, vendra intégralement ses produits.

L'argent provenant des ventes sera versé dans les caisses de l'État, où le corps aura un compte courant et sera autorisé à puiser dans la limite d'un crédit déterminé et au fur et à mesure de ses besoins.

Ces besoins, pendant les cinq premières années, resteront définis comme il suit :

Haute paye aux travailleurs ;

Amélioration de l'ordinaire général ;

Achat de matériel, entretien et réparation du matériel et des bâtiments.

A partir de la sixième année, et lorsque, suivant toute probabilité, les produits du sol auront suffi à rembourser les avances de l'État et à créer un fonds de réserve d'une certaine importance, voici ce qui se passera :

Au moment du renvoi de la classe, chaque soldat libéré qui manifestera l'intention de se fixer en Algérie, et qui sera d'ailleurs reconnu pour un homme intelligent, laborieux et rangé, recevra comme *usufruitier* dix, quinze ou vingt hectares de terre en pleine culture.

Le corps, en bon père de famille qui établit ses enfants, et au moyen du fonds de réserve dont j'ai parlé plus haut, lui fournira en nature le matériel nécessaire pour continuer l'exploitation, lui installera une habitation saine, commode, pourvoira à sa subsistance et lui avancera, par à-comptes, de quoi payer ses ouvriers jusqu'à la récolte prochaine.

Au bout de cinq années, l'usufruitier cessera d'être en tutelle ; il deviendra propriétaire du fonds et pourra en disposer comme bon lui semblera.

L'État remplacera annuellement les terres distribuées aux militaires congédiés par une concession équivalente de terres en friche que le corps sera tenu de mettre en culture, comme il a fait pour la concession première, etc., etc.

Il est permis d'estimer, à première vue, qu'une armée de 100,000 hommes, dans les conditions que je viens d'exposer, pourrait, chaque année, peupler l'Algérie d'environ 10,000 colons, forts, laborieux, acclimatés, et possédant chacun une habitation et de dix à vingt hectares en culture.

Et comme chacun de ces colons prendra femme et aura au moins un enfant, — chaque année, pendant une période que j'évalue à dix ans, et déduction faite des chances ordinaires de mortalité, l'Algérie verra s'accroître sa population agricole de 24 à 25,000 âmes.

L'immigration européenne a-t-elle jamais atteint ce chiffre ?

Et notez que la mise en pratique du système que je propose, loin d'être un obstacle au développement de la culture par les indigènes ou de la colonisation par l'élément civil, doit au contraire, par l'évidence des bons résultats qu'il donnera, rendre l'espoir et l'énergie aux hommes découragés et provoquer chez tous une généreuse émulation.

Que les gens timorés qu'effarouche, sur ouï-dire, *l'affreux despotisme du sabre*, veuillent bien considérer que le projet que je présente ici, sous le titre de

« Colonisation militaire, »

a la plus grande analogie avec ce que pourrait faire de mieux le système civil ; et que, s'il en diffère par les détails, la diffé-rence est toute à son avantage.

Chaque corps, en définitive, n'est autre chose qu'une société loyalement constituée en vue de défricher et d'exploiter le sol.... Rien que le sol.

Mais cette société n'a point à se préoccuper de l'intérêt financier qui n'est pour elle que secondaire.

Ici point d'actionnaires à séduire par des promesses souvent exagérées.

Point de prince de la finance dont il faille obtenir le patro-nage par des concessions toujours onéreuses pour les êtres confiants qui fournissent le fonds social.

Point de dividende à payer.

Point de frais d'administration.

Par contre :

Des bras en surabondance ; des bras qui, pendant sept ans, seraient improductifs en France ; qui, par conséquent, n'en-lèvent rien aux forces vives de la mère-patrie ; des agents d'exécution qui, sachant que la terre qu'ils mettent en culture leur appartiendra dans un temps donné et qu'ils travaillent pour eux-mêmes, apporteront dans l'accomplissement de leur tâche une ardeur, un dévouement, une intelligence qu'on ne doit pas s'attendre à trouver chez des mercenaires.

Chaque travailleur, chaque militaire, officier, sous-officier et soldat, devient, par le fait, un actionnaire dans la meilleure acception du mot, c'est-à-dire un citoyen intéressé au succès de l'entreprise qui, au lieu de recevoir une action en échange de son capital, reçoit un capital et fournit son *action.*

Ce qui me paraît beaucoup plus sûr.

On voudra bien, j'espère, me pardonner une sorte de calembour qui m'aide à mettre en lumière une pensée juste et sérieuse.

Au reste, je n'ai pas la prétention de présenter ici un projet étudié; je n'en puis donner qu'une esquisse rapidement ébauchée, mais suffisante, je l'espère, pour faire comprendre à de plus habiles que moi le parti que l'on pourrait tirer d'une idée *qui est dans l'air* et qui paraît promettre de bons résultats.

Il est très-évident que l'application du système proposé n'aura qu'une durée limitée. Elle cessera naturellement le jour où l'État n'aura plus de terres à donner.

Alors aussi les corps cesseront de doter et d'établir leurs congédiés. Ils garderont pour eux leurs revenus, et auront, espérons-le, de quoi suffire à toutes leurs dépenses sans que le budget de la guerre soit obligé de leur venir en aide.

Quant aux congédiés, ils ne seront pas plus embarrassés pour se tirer d'affaire qu'ils ne le sont à l'heure qu'il est en France; car alors l'Algérie sera peuplée, cultivée, riche et florissante à l'égal de la métropole.

Voilà un système pratique.

Veut-on le personnifier?

J'ai cité plusieurs fois dans le corps de cet opuscule le nom de trois maréchaux.

L'un d'eux n'est plus. La mort a clos prématurément et à nos grands regrets son utile et brillante carrière.

Mais les deux autres ont, comme lui, des titres incontestables à la reconnaissance, au respect et à l'affection du pays.

Et Dieu nous fera la grâce de nous les conserver longtemps ; car c'est à eux, je le crois, qu'est réservée la tâche glorieuse d'assurer l'avenir et la prospérité de la colonie.

UN DERNIER MOT.

Ce qui a manqué jusqu'à cette heure en Algérie ce sont les bras et les capitaux.

Les bras, nous venons de les trouver.

Les capitaux, l'État peut, dans une certaine limite, les avancer à l'armée, parce qu'il en surveillera l'emploi.

Mais les colons de l'ordre civil, qui les leur fournira ?

L'Algérie est une conquête de la Restauration. C'est sa dernière œuvre, c'est un legs, un souvenir.

A ce titre elle doit être chère à ceux qui conservent religieusement la mémoire de la vieille monarchie.

Beaucoup d'entre eux, dit-on, ont offert à une cause sacrée le secours de leur bourse.

Si Charles X était mort sur le trône, assurément il aurait dit à ceux qu'il savait lui être dévoués : « Messieurs, l'Algérie « est une terre française qui doit devenir prospère à l'égal de « la France. »

Et tous se seraient empressés de répondre à l'appel du vieux roi.

Eh bien, je dis moi, que si j'avais l'honneur de porter un de ces grands noms qui appartiennent à l'histoire et font la gloire d'un pays, je voudrais, par respect pour *la volonté intime du roi que j'aurais servi et vénéré*, que l'Algérie qu'il a conquise devînt bientôt la sœur et l'émule de la mère-patrie, *soror et æmula Romæ* ; et je me ferais un devoir d'y employer mes revenus plutôt que de les consacrer à une cause qui, si respectable qu'elle soit, n'est point nationale au même degré.

EDMOND DUPONCHEL.

11 mai 1860.

www.ingramcontent.com/pod-product-compliance
Lightning Source LLC
Chambersburg PA
CBHW061308060726
47596CB00002B/806